Heinrich Hemme

Der Wettlauf
mit der Schildkröte

100 mathematische Rätsel
mit ausführlichen Lösungen

2., verbesserte Auflage

Mit zahlreichen Abbildungen

Vandenhoeck & Ruprecht

Bibliografische Information Der Deutschen Bibliothek

Die Deutsche Bibliothek verzeichnet diese Publikation in der
Deutschen Nationalbibliografie; detaillierte bibliografische Daten sind
im Internet über <http://dnb.ddb.de> abrufbar.

ISBN 3-525-40740-8

Umschlag: Markus Eidt, Göttingen, nach einer Zeichnung von Friedrich Wille,
enthalten in: derselbe, Eine mathematische Reise (Vandenhoeck & Ruprecht, 1984)

Vorwort der ersten Auflage

Achilles, der größte und sportlichste Held der Griechen im Trojanischen Krieg, tritt mit einer Schildkröte zu einem Wettlauf über zehn Stadien an. Achilles fühlt sich der Schildkröte haushoch überlegen und gibt ihr großzügig ein Stadion Vorsprung.

Zeno von Elea, ein intellektueller Störenfried des fünften vorchristlichen Jahrhunderts, der sich diesen Wettlauf ausgedacht hat, behauptet nun, auch wenn Achilles hundertmal so schnell rennt wie die Schildkröte, er wird sie trotzdem niemals einholen. Selbstverständlich kann er seine Behauptung auch beweisen: In der Zeit, in der Achilles das eine Stadion gerannt ist, das die Schildkröte Vorsprung hat, ist diese ein hundertstel Stadion weitergekrochen. Auch für dieses hundertstel Stadion benötigt Achilles noch eine gewisse Zeit, in der die Schildkröte ein zehntausendstel Stadion vorankommt. In der Zeit, die Achilles braucht, um diese Strecke von einem zehntausendstel Stadion zurückzulegen, kriecht die Schildkröte ein millionstel Stadion weiter. Und so geht es immer fort. Der Vorsprung der Schildkröte wird zwar kleiner und kleiner, aber Achilles holt sie trotzdem niemals ein.

Obwohl es jedem Menschen völlig klar ist, dass dieser Beweis falsch sein muss, so sind die meisten doch ziemlich verwirrt, wenn sie ihn das erste Mal hören. Zeno hat seinen „Beweis" so geschickt aufgebaut, dass man jeden einzelnen Schritt seiner Überlegungen für richtig hält und eine ganze Zeit braucht, um den Fehler zu entdecken.

Zenos rätselhafte Geschichte über Achilles' Wettlauf mit der Schildkröte ist eines der ältesten Meisterwerke der Unterhaltungsmathematik und zugleich eines der schönsten. In diesem Buch finden sich noch hundert andere mathematische Rätsel. Sie sind bei weitem nicht so berühmt wie der Wettlauf mit der Schildkröte, dennoch sind sie alle kleine Kostbarkeiten der Unterhaltungsmathematik.

Die hundert Aufgaben sind unterschiedlich schwer und nicht nach ihrem Schwierigkeitsgrad geordnet. Sie kommen aus vielen Bereichen der Mathematik, beispielsweise aus der Geometrie, der Zahlentheorie, der Kombinatorik oder der Topologie. Manche sind allerdings auch nur mathematische Scherze.

Anders als beim Wettlauf mit der Schildkröte ist von den meisten Aufgaben aus diesem Buch nicht genau bekannt, von wem sie stammen. Ich habe zwar, wie in meinen vorangegangenen fünf Bändchen, für jede einzelne Aufgabe viel Zeit und Mühe darauf verwandt, ihre

Erstveröffentlichung zu entdecken, aber ich glaube nicht, dass mir dies in vielen Fällen gelungen ist. Dennoch habe ich bei jeder Aufgabe die älteste mir bekannte Quelle angegeben. Ich wäre jedem Leser dankbar, der mir eine ältere Literaturstelle nennen kann.

Ich bedanke mich bei Helmut Postl aus Wien und Torsten Sillke aus Frankfurt/Main für die Hilfe bei diesem Buch.

Roetgen, 2002

Vorwort der zweiten Auflage

Zwei Jahre sind seit dem Erscheinen der ersten Auflage des Buches verstrichen. In dieser Zeit habe ich durch Hinweise von Leserinnen und Lesern und durch eigene Recherchen einige meiner Quellenangaben durch ältere ersetzen und somit die Geschichte der Denksportaufgaben ein wenig weiter zurückverfolgen können. Besonders hilfreich war mir dabei das bisher unveröffentlichte Buch „Sources in Recreational Mathematics" von David Singmaster aus London, das mir der Autor dankenswerterweise zur Verfügung stellte.

Roetgen, 2004
Heinrich Hemme

Inhaltsverzeichnis

Aufgaben

Lösungen

Anhang

10

Aufgaben

1. Das Hufeisen

Zerschneiden Sie das Hufeisen durch zwei gerade Schnitte in acht Teile, ohne die Teile nach dem ersten Schnitt umzuordnen. Dabei soll angenommen werden, dass das Hufeisen unendlich dünn ist; es kann also nicht durch einen flachen Schnitt in zwei dünnere Eisen aufgespalten werden.

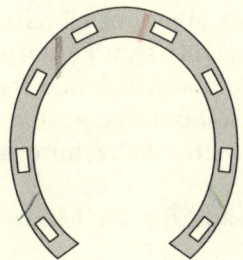

2. Eine Liste mit Behauptungen

1. Die Nummer der ersten wahren Behauptung dieser Liste plus der Nummer der zweiten falschen Behauptung ergibt die Nummer einer wahren Behauptung.
2. In dieser Liste sind mehr wahre als falsche Behauptungen.
3. Die Nummer der zweiten wahren Behauptung plus der Nummer der ersten falschen Behauptung ergibt die Nummer einer wahren Behauptung.
4. Die Liste enthält keine zwei aufeinanderfolgenden wahren Behauptungen.

5. In dieser Liste sind höchstens drei Behauptungen falsch.
6. Wenn diese Liste nur aus den Behauptungen 1 bis 5 bestünde, wäre die Antwort auf die folgende Frage die gleiche.
Welche Behauptungen sind wahr?

3. Münzrangieren

Drei Markstücke und drei Groschen liegen immer abwechselnd auf den ersten sechs Feldern der untersten Reihe eines Schachbrettes.

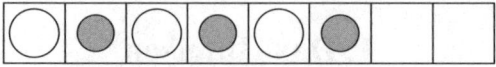

Die Münzen sollen nun mit möglichst wenigen Zügen so umgeordnet werden, dass zum Schluss die Markstücke auf den ersten drei Feldern und die Groschen auf den nächsten drei Feldern liegen.

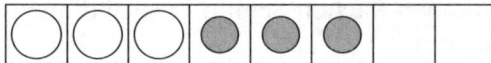

Ein Zug besteht immer aus dem gleichzeitigen Verschieben von zwei Münzen, die auf benachbarten Feldern liegen müssen, auf zwei beliebige andere nebeneinanderliegende freie Felder. Dabei dürfen die Münzen nicht ihre Reihenfolge vertauschen. Außerdem sollen nur die acht Felder der unteren Schachbrettreihe zum Rangieren der Münzen benutzt werden.
Wie viel Züge reichen aus, um die Münzen umzuordnen?

4. Weiteres Münzrangieren

Unter den gleichen Bedingungen wie bei der letzten Aufgabe sollen die Markstücke und die Groschen umgeordnet werden.

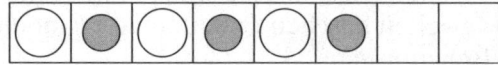

Diesmal jedoch müssen zum Schluss auf den ersten drei Feldern die Groschen und auf den nächsten drei die Markstücke liegen. Mit wie vielen Zügen erreichen Sie dies?

5. Schachspiele

Alfred spielt gerne mit seinen Eltern Schach. Er ist ein recht guter Spieler und gewinnt mehr Partien als er verliert. Als er sich ein neues Schachbrett mit teuren Figuren von seinen Eltern wünscht, sagt sein Vater: „Wenn du jetzt drei Partien spielst, immer abwechselnd gegen mich und gegen deine Mutter, und du gewinnst davon mindestens zwei aufeinanderfolgende Partien, dann schenke ich dir das Brett und die Figuren."

Alfred weiß, dass seine Mutter besser Schach spielt als sein Vater. Gegen wen sollte er seine erste Partie spielen, um seine Gewinnchancen zu optimieren?

6. Fibonacci—Rechtecke

Um das Jahr 1200 untersuchte der italienische Mathematiker Leonardo von Pisa, besser bekannt unter dem Namen Fibonacci, eine Zahlenreihe, die mit zwei Einsen beginnt und deren Folgeglieder immer die Summe ihrer beiden Vorgänger sind. Diese Zahlen werden nach ihrem Entdecker Fibonacci—Zahlen genannt.

$$1, 1, 2, 3, 5, 8, 13, 21, 34, 55, 89, 144, 233, ...$$

Sie werden in der Regel mit F_i bezeichnet, wobei der Index i die laufende Nummer der Zahlen ist. Damit gilt:

$$F_1 = 1$$
$$F_2 = 1$$
$$F_n = F_{n-1} + F_{n-2}$$

Unterteilt man ein Quadrat in $F_n \times F_n$ quadratische Felder, so lassen sich diese Felder, indem man entweder ein Feld hinzufügt oder eines fortnimmt, immer zu einem Rechteck von $F_{n-1} \times F_{n+1}$ Feldern umordnen. Ist diese Behauptung richtig?

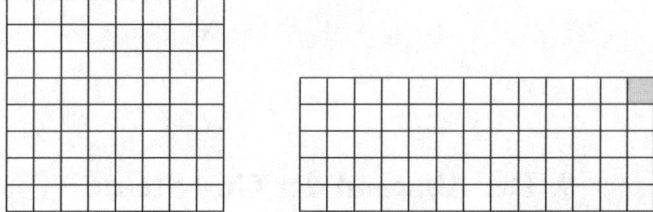

Die Skizze zeigt dies am Beispiel der drei Fibonacci—Zahlen F_5, F_6 und F_7. Das graue Feld in dem Rechteck wurde zusätzlich hinzugenommen.

7. Die Winkel in den Quadraten

Zeigen Sie ohne Trigonometrie, dass in den drei Quadraten die beiden Winkel A und B zusammen genauso groß sind wie der Winkel C!

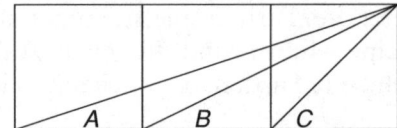

8. Die Winkel in den Fibonacci−Rechtecken

Diese Aufgabe handelt, genau wie die vorletzte, von den Fibonacci−Zahlen und den Fibonacci−Rechtecken. Dort sind auch die hier benutzten Begriffe erklärt.

In einem $F_1 \times F_{2n+2}$−feldrigen Fibonacci−Rechteck wird eine Diagonale von links unten nach rechts oben gezogen. Die letzten F_1, F_3, F_5, ..., F_{2n+1} Quadrate bilden weitere Fibonacci−Rechtecke, durch die auch jeweils eine Diagonale von unten links nach oben rechts gezeichnet wird. Dadurch entstehen die Winkel A_1, A_3, A_5, ..., A_{2n+1} und A_{2n+2}.

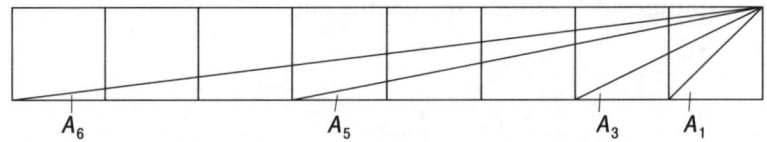

Beweisen Sie, dass für die Winkel bei allen Werten von n gilt

$$A_1 + A_3 + A_5 + ... + A_{2n+1} + A_{2n+2} = 90°$$

oder

$$\sum_{i=0}^{n} A_{2i+1} + A_{2n+2} = 90° \ .$$

9. Der Abstand der Go−Steine

Ein Go−Brett hat neunzehn vertikale und neunzehn horizontale Linien, die alle den gleichen Abstand voneinander haben. Beim Spiel werden die Steine auf die Kreuzungspunkte der Linien gelegt.

Versuchen Sie, fünf Go—Steine so auf ein Go—Brett zu legen, dass keiner der Mittelpunkte der zehn Verbindungslinien zwischen den Steinen auf einen Kreuzungspunkt des Brettes fällt.

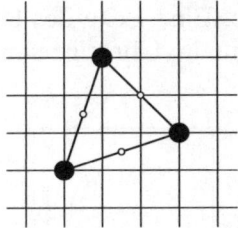

Das Beispiel mit drei Steinen erfüllt die Bedingungen nicht. Von den drei Mittelpunkten der Verbindungslinien — dargestellt durch die weißen Punkte — fällt einer auf eine Linienkreuzung.

10. Dreieck- und Quadratzahlen

Die griechischen Mathematiker der Antike nannten eine Zahl eine Dreieckzahl, wenn sich eine entsprechende Anzahl Münzen zu einem Dreiecksmuster auslegen ließ.

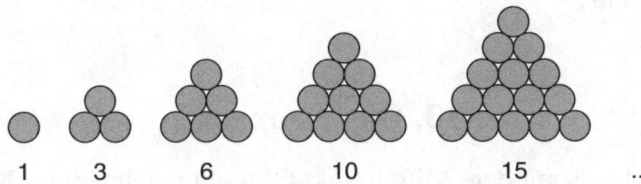

Analog war bei ihnen eine Zahl eine Quadratzahl, wenn sich eine entsprechende Anzahl Münzen zu einem Quadrat anordnen ließ.

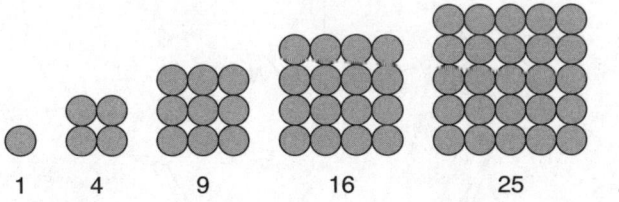

Beweisen Sie, dass jede Dreieckzahl, die größer ist als 1, die Summe von zwei kleineren Dreieckzahlen und einer Quadratzahl ist.

11. Das rollende Dreieck

Im Inneren eines Quadrates von zwanzig Zentimetern Seitenlänge liegt, so wie es die Skizze zeigt, ein gleichseitiges Dreieck von zehn Zentimetern Seitenlänge. Eine Ecke des Dreiecks ist schwarz markiert. Das Dreieck wird nun im Uhrzeigersinn auf den Innenseiten des Quadrates abgerollt.

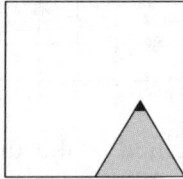

Wie lang ist der Weg der schwarzen Spitze, wenn das Dreieck so weit gerollt wird, bis es sich wieder in seiner Ausgangsposition befindet und die schwarze Spitze wieder nach oben zeigt?

12. Der Blick auf den Würfel

Wie viele Seiten eines Würfels kann man von einem Punkt aus höchstens sehen, wenn man weder seinen Standort verändert noch den Würfel dreht?

13. Das Neuneck

In einem Kreis mit dem Mittelpunkt O ist ein regelmäßiges Neuneck eingezeichnet, dessen Ecken auf dem Kreisumfang liegen.

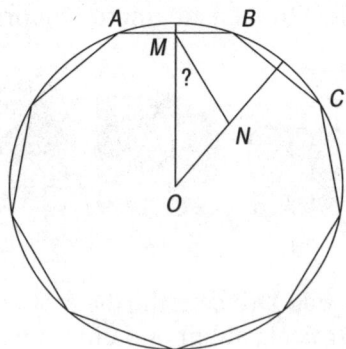

Vom Kreismittelpunkt gehen zwei Radien aus, die die benachbarten Neunecksseiten *AB* und *BC* halbieren. *M* ist der Mittelpunkt der Seite *AB* und *N* der Mittelpunkt des Radius, der *BC* halbiert.

Wie groß ist der Winkel *OMN*?

14. Groschen und Stern

Bringen Sie sieben Groschen auf die Spitzen dieses achteckigen Sterns und zwar nach folgendem Verfahren: Legen Sie eine Münze auf eine freie Spitze und schieben Sie sie dann entlang einer der beiden von dieser Spitze ausgehenden Linien auf eine andere freie Spitze. Sie dürfen die Münze jedoch nicht weiter als ein Linienstück verschieben. Dort bleibt sie liegen und soll auch später nicht mehr verschoben werden. Danach legen Sie nach dem gleichen Schema die anderen sechs Münzen auf den Stern.

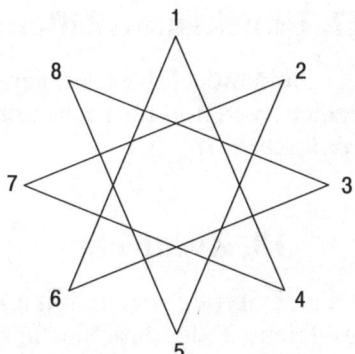

Die Aufgabe sieht leicht aus und ist es auch. Trotzdem fällt sie vielen Menschen so schwer, dass sie oft nicht mehr als fünf oder sechs Groschen auf die Sternspitzen platzieren können.

15. Die Jahrestagung der FZV

An der Jahrestagung der FZV (Frensdorfer Zahlentheoretiker—Vereinigung) nimmt eine geradzahlige Anzahl von Mathematikern teil. Ihre Namensschilder sind, mit 1 beginnend, durchnummeriert. Jeder Teilnehmer begrüßt jeden anderen Teilnehmer mit einem Handschlag, und dabei vergleichen sie die Nummern auf ihren Namensschildern. Kann man die eine der Zahlen ohne Rest durch die andere Zahl teilen, so macht sich einer der beiden Mathematiker einen roten Punkt auf sein Namensschild. Welcher der beiden Mathematiker sich den Punkt malt, spielt keine Rolle.

Am Ende der Eröffnungsrede sagt der Vorsitzende der FZV: „Alle Teilnehmer, die mindestens einen roten Punkt auf ihrem Namensschild haben, gehen bitte in den Saal 2. Der Rest bleibt hier im Saal 1."

Beweisen Sie, dass höchstens die Hälfte der Teilnehmer im Saal 1 bleiben wird.

16. Wo steckt der Fehler?

$$1 = \sqrt{1} = \sqrt{(-1)(-1)} = \sqrt{-1} \cdot \sqrt{-1} = i \cdot i = -1$$

Wo steckt der Fehler in dieser Rechnung?

17. Unbekannte Ziffern

Das Produkt von drei aufeinanderfolgenden geraden Zahlen beträgt 87??????. Die Fragezeichen stehen für sechs unbekannte Ziffern.
Wie heißen die drei Faktoren?

18. Zwölfecke

Zerschneiden Sie zwei gleichgroße regelmäßige Zwölfecke so in vierundzwanzig deckungsgleiche Teile, dass Sie sie anschließend alle zu einem größeren regelmäßigen Zwölfeck zusammensetzen können.

19. Streichholzfünfecke

Legen Sie zehn Streichhölzer zu zwei regelmäßigen Fünfecken und fünf deckungsgleichen gleichschenkligen Dreiecken aus!

20. Der Satz des Pythagoras

Den Satz des Pythagoras lernt wohl jeder in der Schule, und er ist sicherlich das bekannteste Theorem der Mathematik. Doch können Sie ihn auch beweisen?

21. Der erweiterte Pythagoras

Um den Satz des Pythagoras graphisch darzustellen, zeichnet man üblicherweise Quadrate an die beiden Katheten und an die Hypotenuse eines rechtwinkligen Dreiecks. Der Flächeninhalt des Hypotenusenquadrates ist dann genauso groß wie der der beiden Kathetenquadrate zusammen.

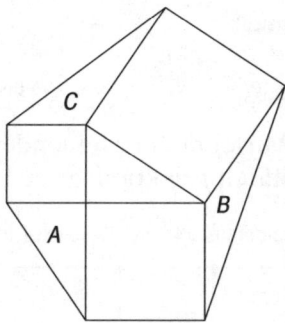

Die Pythagoraszeichnung wird nun um drei zusätzliche Dreiecke *A*, *B* und *C* erweitert. Welches dieser Dreiecke hat den größten Flächeninhalt?

22. Zwölf Sonntage

Gelegentlich kommt es vor, dass von drei aufeinanderfolgenden Monaten jeder genau vier Sonntage hat. Beweisen Sie, dass einer dieser Monate immer der Februar ist.

23. Die Dreitafelprojektion

Bei der Dreitafelprojektion werden drei Ansichten eines Körpers — die Vorderansicht, die Seitenansicht und die Draufsicht — auf jeweils dahinterliegende Ebenen projiziert. Dabei zeichnet man alle sichtbaren Kanten als ausgezogene und alle unsichtbaren Kanten als gestrichelte Linien. Fällt in der Projektion eine unsichtbare Kante mit einer sichtbaren zusammen, sieht man natürlich nur die ausgezogene Linie.

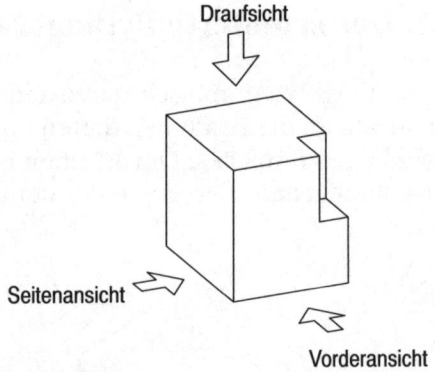

Als Beispiel ist der Würfel mit der fehlenden Ecke als perspektivisches Bild und als Dreitafelprojektion gezeichnet.

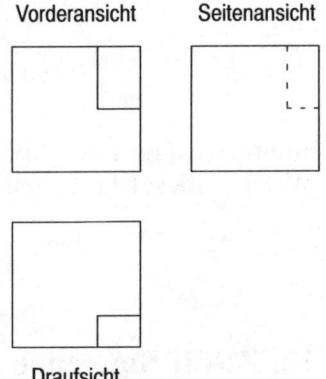

Wie könnte ein Polyeder aussehen, das folgende Vorderansicht und Draufsicht hat?

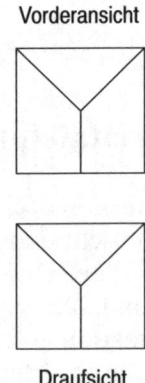

24. Das Bogenviereck

Die Radien der Kreise und die Seiten des Quadrates haben die Länge 1.

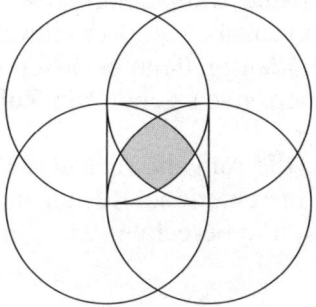

Wie groß ist die Fläche des grauen Bogenvierecks?

25. Der Lügner

Epimenides ist ein notorischer Lügner. An einem festen Wochentag sagt er jedesmal die Wahrheit, und an allen anderen Tagen lügt er immer.

Eines Tages trifft er Paulus und sagt: „Ich lüge montags und dienstags." Am nächsten Tag sagt er zu Paulus: „Heute ist entweder Donnerstag, Samstag oder Sonntag." Und am darauffolgenden Tag meint er: „Ich lüge mittwochs und freitags."

An welchem Wochentag sagt Epimenides die Wahrheit?

26. Leiter und Kiste

Eine große würfelförmige Kiste von zwei Metern Kantenlänge steht direkt an einer Hauswand auf dem Boden. Eine Leiter von acht Metern Länge ist schräg an das Haus gestellt worden, so dass ihr Unterende auf dem Boden steht, ihr Oberende an der Wand lehnt, und sie zwischendurch auch noch eine Kante der Kiste berührt.

In welcher Höhe über dem Boden trifft die Leiter auf die Hauswand?

27. Die nächste Zahl

Wie heißt die nächste Zahl?

3, 1, 4, 1, 5, ...

Bei Rätselerfindern sind Knobeleien dieser Art sehr beliebt. Sie sind leicht zu konstruieren, aber oft sehr schwer zu lösen. Außerdem ist die Lösung nicht eindeutig, denn es lassen sich eigentlich immer mehrere Systeme finden, nach denen die Zahlenreihen aufgebaut sein könnten.

Deshalb soll diesmal die Aufgabe auch etwas anders lauten: Finden Sie mindestens zwei verschiedene Regeln, nach denen die Reihe aufgebaut sein könnte, und berechnen Sie damit die jeweils nächste Zahl.

28. Der F–Test

Lesen Sie sich den folgenden englischen Satz genau einmal langsam durch.

THE FEDERAL NATIONAL FUSES ARE THE RESULT OF SCIENTIFIC STUDY COMBINED WITH THE EXPERIENCE OF YEARS.

Nun zählen Sie bitte die „F", die in diesem Satz vorkommen. Zählen Sie sie nur ein einziges Mal und schlagen Sie dann sofort die Lösung im Lösungsteil dieses Buches nach.

29. Der längste Monat

Welches ist in Deutschland der längste Monat des Jahres?

30. Seltsame Zahlen

Welche positiven ganzen Zahlen werden größer statt kleiner, wenn man von ihrem linken Ende eine Ziffer fortnimmt?

31. Rand- und Mittelfelder

Ein Quadrat der Seitenlänge n kann man in n^2 einzelne Felder unterteilen. In der Skizze sind als Beispiele Quadrate der Seitenlängen 1, 2, 3, 4 und 5 zu sehen.

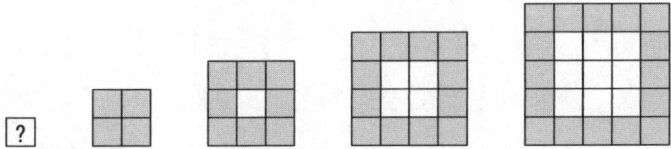

Es ist offensichtlich, dass das 5×5–Quadrat aus neun weißen Mittelfeldern und sechzehn grauen Randfeldern besteht, das 4×4–Quadrat aus vier Mittelfeldern und zwölf Randfeldern, das 3×3–Quadrat aus einem Mittelfeld und acht Randfeldern und das 2×2–Quadrat nur aus vier Randfeldern. Doch wie sieht es mit dem einzigen Feld des 1×1–Quadrats aus? Ist es ein Mittelfeld oder ist es ein Randfeld?

32. Das Wettrennen

Kastor und Pollux rennen um die Wette über eine Strecke von tausend Metern. Als Kastor ins Ziel läuft, befindet sich Pollux noch fünfzig Meter hinter der Ziellinie.

Am nächsten Tag wiederholen sie das Wettrennen, doch diesmal beginnt Kastor fünfzig Meter hinter der Startlinie.

Angenommen, beide Sportler haben die gleichen Geschwindigkeiten wie am Vortag, wer gewinnt diesmal das Rennen?

33. Ciceros Tod und Ovids Geburt

Im Jahre 43 vor Christus starb der römische Staatsmann Marcus Tullius Cicero. Im gleichen Jahr wurde der Dichter Publius Ovidius Naso geboren.

Wann war die Zweitausendjahrfeier dieser beiden Ereignisse fällig?

34. Die Quadratur des Sechsecks

Zerschneiden Sie das Sechseck so in zwei Teile, dass Sie diese anschließend zu einem Quadrat zusammenfügen können.

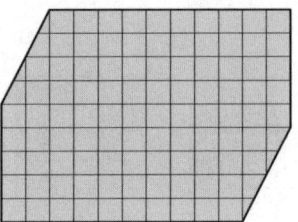

35. Das Pentagramm

Versuchen Sie in die Felder des Pentagramms verschiedene ganze Zahlen zu setzen, so dass in allen fünf Reihen die Summe der vier Felder jeweils eine ungerade Zahl ergibt.

36. Pferde, Kühe und Hühner

Ein mathematisch versierter Bauer stellt beim Zählen seiner Tiere fest, dass die Anzahlen seiner Pferde, Kühe und Hühner drei verschiedene Primzahlen sind. Außerdem fällt ihm auf, dass die Anzahl der Kühe multipliziert mit der Summe aus der Kühezahl und der Pferdezahl um 120 größer ist als die Anzahl der Hühner.

Wie viele Tiere jeder Art hat der Bauer?

37. Münzwenden

Eine Anzahl von n Münzen liegt mit der Zahlseite nach oben auf dem Tisch. Sie sollen sie in mehreren Schritten wenden, so dass zum Schluss alle Münzen mit ihrer Wappenseite nach oben liegen. Ein einzelner Schritt besteht dabei darin, $n - 1$ Münzen gleichzeitig umzudrehen.

Beweisen Sie, dass dies nur dann möglich ist, wenn n eine gerade Zahl ist.

38. Das Zahlendreieck

In diesem unendlich großen Zahlendreieck ist jede Zahl, abgesehen von der 1 in der obersten Zeile, die Summe der direkt darüberstehenden Zahl und deren beiden Nachbarzahlen. Die an den Rändern des Dreiecks fehlenden Zahlen kann man sich durch Nullen ergänzt denken.

$$
\begin{array}{ccccccccc}
 & & & & 1 & & & & \\
 & & & 1 & 1 & 1 & & & \\
 & & 1 & 2 & 3 & 2 & 1 & & \\
 & 1 & 3 & 6 & 7 & 6 & 3 & 1 & \\
1 & 4 & 10 & 16 & 19 & 16 & 10 & 4 & 1 \\
 & & & & \vdots & & & &
\end{array}
$$

Beweisen Sie, dass in jeder Zeile des Zahlendreiecks, außer in den ersten beiden Zeilen, mindestens eine gerade Zahl vorkommt.

39. Ein sich selbst beschreibender Satz

„Dieser Satz enthält ...–mal die Ziffer 0, ...–mal die Ziffer 1, ...–mal die Ziffer 2, ...–mal die Ziffer 3, ...–mal die Ziffer 4, ...–mal die Ziffer 5, ...–mal die Ziffer 6, ...–mal die Ziffer 7, ...–mal die Ziffer 8 und ...–mal die Ziffer 9."

Überall dort, wo in diesem Satz drei Pünktchen stehen, soll eine ein- oder mehrstellige Zahl eingesetzt werden. Keine der Zahlen darf führende Nullen haben. Das Ergebnis soll ein wahrer Satz sein.

Wie viele Lösungen gibt es, und wie lauten sie?

40. Das Kugelspiel

Bei einem Spiel sollen zwanzig gleich große Kugeln auf zwei genau gleich aussehende Schachteln verteilt werden. Zehn der Kugeln sind weiß und zehn sind schwarz.

Alfred darf die Kugeln nach Belieben auf die beiden Schachteln verteilen. Er braucht auch nicht gleich viele Kugeln in beide Schachteln zu legen. Berta darf dabei nicht zusehen. Alfred schließt beide Schachteln und stellt sie vor Berta auf den Tisch. Sie darf nun, ohne in die Schachteln zu schauen, in eine hineingreifen und eine Kugel herausnehmen. Alfred hat gewonnen, wenn sie eine schwarze Kugel zieht, und Berta, wenn die Kugel weiß ist.

Wie muss Alfred die Kugeln auf die Schachteln verteilen, damit seine Gewinnchancen möglichst groß sind?

41. Suchbilder

Eine wertvolle Münze versteckt man am besten in einem vollen Sparschwein, denn es ist für das menschliche Gehirn sehr schwierig, ein Muster aus vielen ähnlichen Mustern herauszufiltern.

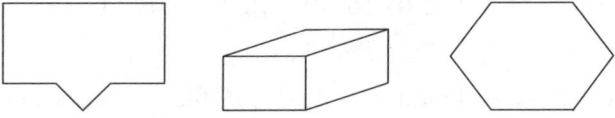

Diese drei geometrischen Formen sind in den vier untenstehenden Mustern jeweils zweimal verborgen. Es zählen dabei nicht die auf dem Kopf stehenden oder spiegelverkehrten Figuren.

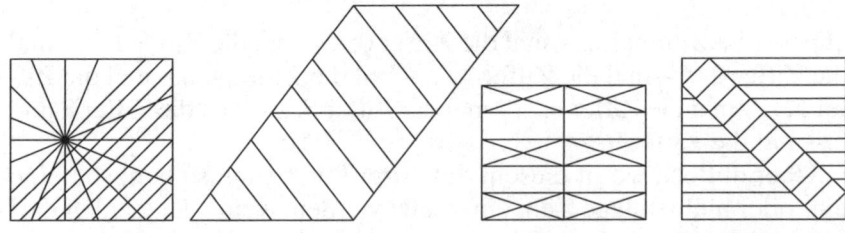

Finden Sie alle sechs Formen!

42. Die Halbierung

Zerschneiden Sie die Figur in zwei deckungsgleiche Teile!

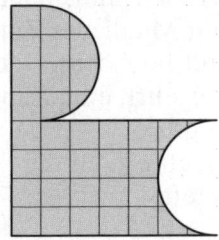

43. Eine zweite Halbierung

Zerschneiden Sie diese Figur in zwei deckungsgleiche Teile!

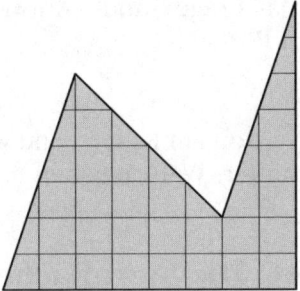

44. Ein Divisionsskelett

Bei dieser schriftlichen Division sind alle Ziffern durch Fragezeichen ersetzt worden. Keine Zahl in der Berechnung hat führende Nullen.

```
?????? : ??? = ????,????
???
───
   ???
   ???
   ───
     ???
     ???
     ───
       ???
       ???
       ────
         ????
         ????
         ────
```

Versuchen Sie, die Rechnung zu rekonstruieren.

45. Die Parole

Dr. Watson ist von seinem Freund Sherlock Holmes gebeten worden, im Logikerclub einige Nachforschungen anzustellen.

Im Logikerclub haben nur Mitglieder Zutritt. Dr. Watson versteckt sich hinter einer Säule und beobachtet den Eingang. Der Portier nennt jedem, der Einlass begehrt, eine Zahl.

Portier: „Achtundzwanzig."
Erster Ankömmling: „Vierzehn."
Der Portier lässt ihn eintreten.

Portier: „Acht."
Zweiter Ankömmling: „Vier."
Der Portier lässt ihn eintreten.

Portier: „Sechzehn."
Dritter Ankömmling: „Acht."
Der Portier lässt ihn eintreten.

Dr. Watson glaubt, das Frage–und–Antwort–Spiel durchschaut zu haben und geht zum Portier.

Portier: „Vierzehn."
Dr. Watson: „Sieben."
Der Portier packt Dr. Watson am Kragen und wirft ihn auf die Straße.

Welche Antwort hätte Dr. Watson geben müssen?

46. Die Sternfläche

Ist die graue Fläche des regelmäßigen fünfzackigen Sterns größer oder kleiner als die halbe Sternfläche?

47. Der numerologische Wert

Numerologen ordnen den Buchstaben in ihrer alphabetischen Reihenfolge die Zahlen von 1 bis 26 zu. Damit können sie nun aus jedem

Namen eine Zahl errechnen, indem sie einfach die Buchstabenwerte zusammenzählen. Aus diesem numerologischen Wert glauben sie Charaktereigenschaften und Hinweise auf das Schicksal des Namensträgers ablesen zu können.

Damit auch die Buchstaben ä, ö, ü und ß einen numerologischen Wert bekommen können, werden sie durch ae, oe, ue und ss ersetzt.

Um einer Zahl einen numerologischen Wert N zuzuordnen, schreibt man sie als Wort und berechnet dann davon den numerologischen Wert. So gilt beispielsweise für die 3:

$$N(3) = N(\text{drei}) = 4 + 18 + 5 + 9 = 36$$

Gibt es Zahlen, die gleich ihrem numerologischen Wert sind?

48. Das Labyrinth

In einem Jahrmarktslabyrinth mit gläsernen Wänden sind auf dem Boden einige Zahlen aufgemalt.

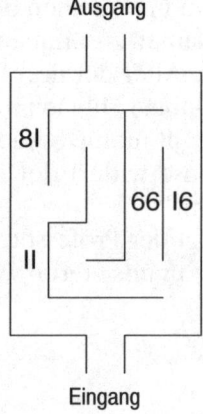

Die Aufgabe ist, das Labyrinth durch den Eingang zu betreten und durch den Ausgang wieder zu verlassen und dabei einen Weg zu finden, bei dem die Summe aller überschrittenen Zahlen genau 100 ergibt.

49. Acht Quadrate mit gemeinsamen Ecken

Wie muss man acht gleiche Quadrate auf einer ebenen Fläche anordnen, so dass jede Ecke jedes Quadrates mit einer Ecke eines anderen Quadrates zusammenfällt? Die Quadrate dürfen sich überlappen, nur darf kein Quadrat genau mit einem anderen zusammenfallen.

50. Ein Zwillingsparadoxon

Kastor und Pollux sind Zwillinge und wurden mit einer Stunde Abstand geboren: Kastor am 5. November 1987 und Pollux am 6. November 1987. Trotzdem ist Pollux eher zur Welt gekommen als Kastor. Wie ist das möglich?

51. Das Alter des Professors

„Nachträglich herzlichen Glückwunsch zum Geburtstag!", sagt der Assistent zu seinem Professor und gibt ihm eine Schachtel. „Hier drin ist für jedes Ihrer Lebensjahre eine Praline."

„Vielen Dank", antwortet der Professor. „Ich habe gestern meinen Geburtstag mit meiner Frau und meinen beiden Nichten gefeiert. Es fiel mir auf, dass die drei Damen zusammen genau zweimal so alt sind wie Sie. Und wenn man die Alter der drei Damen miteinander multipliziert, ergibt sich 2450. Dabei zähle ich nur die vollen Lebensjahre. Können Sie mir sagen, wie alt meine beiden Nichten sind?"

Nach kurzem Überlegen erwidert der Assistent: „Sie haben mir noch nicht genügend erzählt!"

„Da haben Sie recht", sagt der Professor, „aber wenn ich Ihnen nun sage, dass ich der Älteste von uns vieren war, so wissen Sie alles Nötige."

Wie alt ist der Professor?

52. Der magische Dominorahmen

Ein vollständiger Dominosatz besteht aus achtundzwanzig Steinen, auf deren Feldern alle möglichen Zweierkombinationen von null bis sechs Augen aufgedruckt sind.

Die achtundzwanzig Steine können zu einem quadratischen Rahmen ausgelegt werden, wobei die im Dominospiel übliche Regel gilt, dass, wenn zwei Steine aneinanderstoßen, die sich berührenden Felder die gleiche Augenzahl haben müssen.

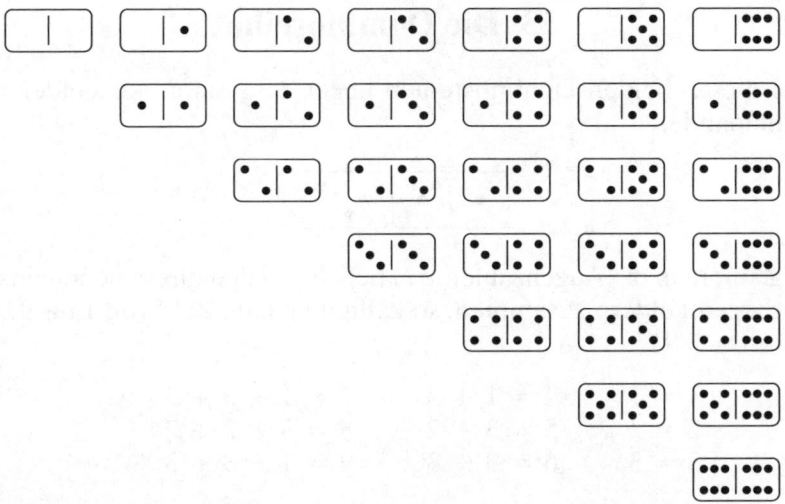

In dem Beispiel beträgt die Augenzahl in zwei Kanten des Rahmens jeweils 44 und in den anderen beiden Kanten 32 und 59.

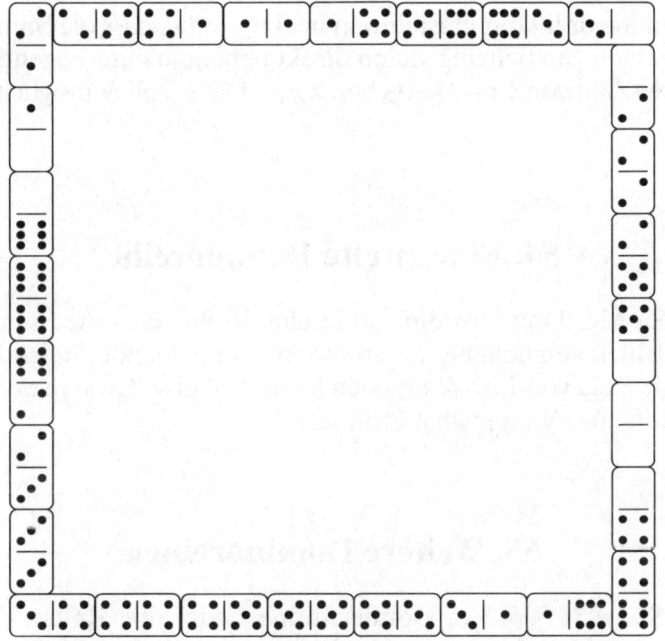

Kann man die achtundzwanzig Steine nach den Dominoregeln so zu einem quadratischen Rahmen anordnen, dass die Augensumme in jeder der vier Kanten 44 beträgt?

53. Die Dominoreihe

Bei diesen beiden Dominosteinen liegen insgesamt vier Felder nebeneinander.

Zählt man die Augenzahlen von beliebig vielen direkt nebeneinanderliegen Feldern zusammen, so kann man jede Zahl von 1 bis 9 bilden.

$$1 = 1 \qquad 4 = 1 + 3 \qquad 7 = 1 + 3 + 3$$
$$2 = 2 \qquad 5 = 3 + 2 \qquad 8 = 3 + 3 + 2$$
$$3 = 3 \qquad 6 = 3 + 3 \qquad 9 = 1 + 3 + 3 + 2$$

Die 3 hätte nicht aus der 1 und der 2 gebildet werden können, denn die Felder mit diesen Augenzahlen liegen nicht direkt nebeneinander. Eine längere Reihe als die von 1 bis 9 ist mit zwei Dominosteinen nicht möglich.

Legen Sie drei Dominosteine so in eine Reihe, dass die Summe der Augenzahlen von beliebig vielen direkt nebeneinanderliegenden Feldern jede Zahl von 1 bis N ergeben kann. Dabei soll N möglichst groß sein.

54. Eine zweite Dominoreihe

Legen Sie vier Dominosteine so in eine Reihe, dass die Summe der Augenzahlen von beliebig vielen direkt nebeneinanderliegenden Feldern jede Zahl von 1 bis N ergeben kann. Dabei soll, wie in der vorherigen Aufgabe, N möglichst groß sein.

55. Weitere Dominoreihen

Legen Sie $n = 5, 6, 7, \ldots$ Dominosteine so in eine Reihe, dass die Summe der Augenzahlen von beliebig vielen direkt nebeneinanderliegenden Feldern jede Zahl von 1 bis $N(n)$ ergeben kann. Dabei sollen, wie in den beiden vorherigen Aufgaben, die Werte von $N(n)$ möglichst groß sein.

56. Das Dreieck aus Seitenhalbierenden

Aus den drei Seitenhalbierenden eines beliebigen Dreiecks lässt sich ein neues Dreieck bilden.

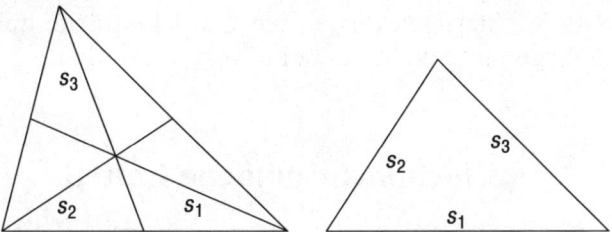

Stehen die Flächen des neuen Dreiecks und des ursprünglichen in einem festen Verhältnis zueinander, und wenn ja, in welchem?

57. Der Schatten der Stäbe

Die Skizze zeigt ein Bild von zwei Stäben, die schräg in der Erde stecken und durch das Sonnenlicht Schatten auf den Boden werfen.

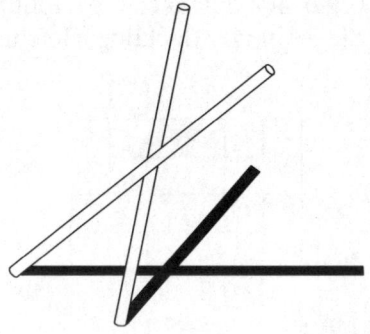

Man kann auf dem Bild nicht erkennen, ob sich die beiden Stäbe berühren. Gibt es eine Möglichkeit, dies herauszubekommen?

58. Die goldene Kette

Ein Apotheker hat die Gewichtsstücke für seine Waage verlegt und kann sie nicht wiederfinden. Ohne seine Waage kann er aber nicht arbeiten. Da fällt ihm ein, dass er noch ein Stück Kette mit dreiundzwanzig Gliedern besitzt, von denen jedes genau ein Gramm wiegt.

Wie viele Glieder muss er mindestens auftrennen, um aus dieser Kette einen Satz von Gewichtsstücken zu machen, mit denen er jedes ganzzahlige Gewicht von einem bis zu dreiundzwanzig Gramm abwägen kann? Beim Abwägen dürfen die Gewichtsstücke nur in einer Waagschale liegen und nicht auf beide verteilt werden.

59. Noch mehr goldene Ketten

Eine Kette besteht aus N Gliedern von je einem Gramm. Indem man n Glieder auftrennt, kann man sich einen Satz von Gewichtsstücken basteln, mit dem man jedes ganzzahlige Gewicht von einem bis zu N Gramm abwägen kann.

Bestimmen Sie bei bei $n = 1, 2, 3, \ldots$ aufgetrennten Gliedern das jeweils größtmöglicht $N(n)$.

60. Die Drittelung

Die zwanzigeckige Figur aus der Skizze besteht aus vierundzwanzig Einheitsquadraten. Sie ist in vier deckungsgleiche Flächen unterteilt.

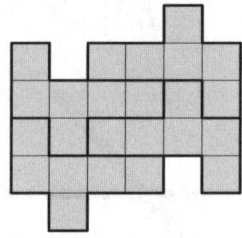

Kann man die Figur auch in drei deckungsgleiche Stücke zerlegen?

61. Der Abstand der Punkte

Kann man vier Punkte so in einer Ebene anordnen, dass alle möglichen Abstände zwischen jeweils zwei Punkten nur zwei verschiedene Werte annehmen können? Wenn ja, wie viele verschiedene Anordnungen gibt es?

62. Das Zelt

Ein Forscher tritt eines Tages morgens vor sein Zelt und bricht in Richtung Norden auf. Er wandert zehn Kilometer weit genau geradeaus und macht dann seine Mittagspause. Danach startet er wieder in Richtung Norden, geht zehn Kilometer weit exakt geradeaus und gelangt so schließlich zu seinem Zelt zurück.

Wo steht das Zelt des Forschers?

63. Die Datumsuhr

Die Datumsanzeigen älterer Armbanduhren nehmen jeden Monat mit 31 Tagen an, und am Ende von kürzeren Monaten muss man sie von Hand vorstellen.

Modernere Uhren aber überspringen bei Monaten von 28, 29 oder 30 Tagen Länge von alleine die überzähligen Tage, und sie beherrschen außerdem auch die Schaltjahresregel. Eine Anzeige für den Monatsnamen haben sie allerdings auch meistens nicht.

Eine solche moderne Armbanduhr hat jahrelang im Schrank gelegen. Die Batterie ist leer und die Uhr stehengeblieben.

Wenn man nun eine neue Batterie einsetzte, ohne dabei etwas an der Uhr zu verstellen, wie viele Tage könnte es dann höchstens dauern, bis man aus den Datumsanzeigen der Uhr eindeutig schließen könnte, in welchem Monat sie stehengeblieben war? Der angebrochene Tag, an dem die Batterie eingesetzt wird, zählt dabei als ganzer Tag, die ersten Sekunden eines neuen Tages, die man nach Mitternacht braucht, um den Wechsel der Datumsanzeige zu beobachten, jedoch nicht.

64. Das T–Puzzle

Legen Sie diese acht rechteckigen Papierstreifen so aneinander, dass das T–förmige Muster entsteht, das die zweite Skizze zeigt. Es müssen dazu alle acht Streifen verwandt werden.

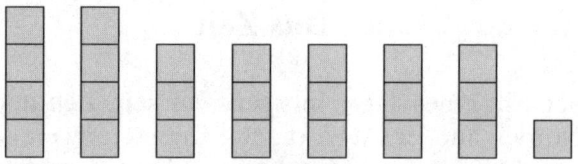

Das T−Muster darf eine beliebige Größe haben, nur dürfen die Proportionen nicht verändert werden.

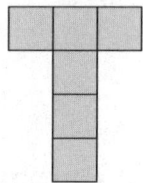

65. Noch ein T−Puzzle

Beweisen Sie, dass man mit den acht Streifen aus der vorherigen Aufgabe nicht das vierundzwanzigfeldrige T aus der Skizze abdecken kann. Die Quadrate des T und der Streifen haben natürlich die gleiche Größe.

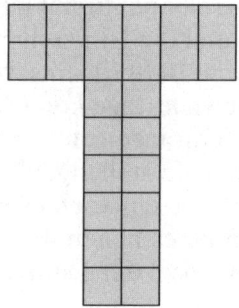

66. Das E−Puzzle

Kopieren Sie die drei Figuren aus der Skizze, schneiden Sie sie aus und stellen Sie damit den Großbuchstaben E dar.

67. Die Kreisteilung

Zerlegen Sie diesen Kreis so in lauter deckungsgleiche Stücke, dass es mindestens ein Stück gibt, das keinen Anteil an dem grauen Fleck in der Mitte hat. Spiegelverkehrte Teile gelten dabei auch als deckungsgleich.

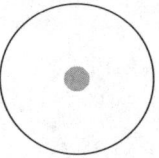

68. Shakespeare—Logik

Welches bekannte englischsprachige Shakespeare—Zitat ist hier in symbolischer Logik dargestellt?

$$2B \lor \neg 2B$$

69. Sechsecke

Die Kanten eines regelmäßigen Sechsecks werden, so wie es die Zeichnung zeigt, zu einer Seite hin bis zu ihrer doppelten Länge ausgedehnt. Verbindet man die Endpunkte dieser Strecken, entsteht ein zweites Sechseck, das das ursprüngliche Sechseck umschließt.

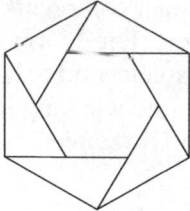

In welchem Verhältnis stehen die Flächen der beiden Sechsecke zueinander?

70. Der Rohrstapel

Auf dem Boden liegen parallel zueinander n gleiche Rohre. Die Mittelachsen benachbarter Rohre sind dabei nicht weiter als das $\sqrt{3}$-fache ihrer Durchmesser voneinander entfernt. Ansonsten können ihre Abstände beliebig sein.

Auf diese Grundschicht von Rohren werden noch $n - 1$ weitere Schichten gestapelt, wobei jede Schicht ein Rohr weniger hat als die darunter liegende Schicht.

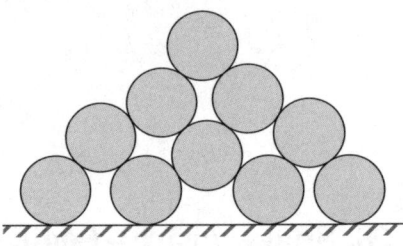

Beweisen Sie, dass das oberste Rohr von den beiden Randrohren der untersten Schicht immer den gleichen Abstand hat.

71. Palindromische Uhrzeiten

Bei einer Digitaluhr werden die Stunden, Minuten und Sekunden durch drei Zahlen angezeigt, die durch Doppelpunkte voneinander getrennt sind. Die Minuten- und die Sekundenzahlen sind immer zweistellig, bei den Stundenzahlen hingegen wird eine führende Null nicht angezeigt, und sie können deshalb auch einstellig sein.

20:38:47

Mehrmals täglich zeigt eine Digitaluhr palindromische Uhrzeiten an. Das bedeutet, die fünf bzw. sechs Ziffern der Uhr kann man dann von links nach rechts oder auch von rechts nach links lesen, ohne dass sich ihr Wert dadurch ändert. Die Doppelpunkte sollen dabei nicht beachtet werden. Zwei Beispiele sind 8:21:28 Uhr und 13:44:31 Uhr.

Wie lang ist der kürzeste und wie lang ist der längste Zeitraum des Tages ohne palindromische Uhrzeiten?

72. Weitere palindromische Uhrzeiten

Wie viele Uhrzeiten sind im Laufe eines Tages Palindrome?

38

73. Zeit und Temperatur

An Banken findet man häufig Uhren, die immer abwechselnd die Zeit und die Temperatur anzeigen. Angenommen, die Intervalle, in denen die Zeit und die Temperatur angezeigt werden, sind immer gleich lang und dauern einen ganzzahligen Sekundenwert, und es wird immer die Zeit bzw. die Temperatur angegeben, die zu Anfang des Intervalls herrscht. Innerhalb einer Intervalls werden die Uhrzeiten und die Temperaturen also nicht umgeschaltet.

Um zu überprüfen, ob eine solche Bankuhr richtig funktioniert, notiert sich ein Uhrmacher einige Minuten lang die Anzeigen.

15:27; 18 °C; 15:28; 18 °C; 15:28; 18 °C; 15:29; 18 °C;
15:29; 18 °C; 15:29; 18 °C; 15:30; 18 °C; 15:30; 18 °C;
15:30; 18 °C; 15:31; 18 °C; 15:31; 18 °C; 15:32; 18 °C

Wie lange dauert ein Anzeigeintervall?

74. Meister und Absteiger

In der ersten Fußballbundesliga sind achtzehn Vereine. In einer Saison spielt jeder Verein zweimal gegen jeden anderen. Ein Verein erhält für ein gewonnenes Spiel drei Punkte, für ein unentschiedenes einen Punkt und für ein verlorenes keinen Punkt.

Der Verein, der am Ende der Saison die meisten Punkte hat, ist Deutscher Meister, und die drei Vereine mit den wenigsten Punkten steigen ab in die zweite Bundesliga. Haben Vereine die gleiche Punktzahl, so wird unter ihnen nach der Tordifferenz entschieden.

Welches ist die kleinste Punktzahl, mit der ein Verein Deutscher Meister werden kann, und welches ist die höchste Punktzahl, mit der er absteigen kann?

75. Die Zuglänge

Alfred und Berta stehen Rücken an Rücken an einem Bahndamm. In dem Moment, in dem das Vorderende eines vorbeifahrenden Zuges auf der gleichen Höhe mit ihnen ist, marschieren sie los. Sie haben beide die gleiche Geschwindigkeit, aber Alfred geht in Fahrtrichtung des Zuges und Berta genau entgegengesetzt. Nachdem Berta dreißig

Meter weit gegangen ist, passiert sie das Zugende und bleibt stehen. Alfred geht vierzig Meter weit, bis ihn das Zugende einholt und er stehenbleibt.

Wie lang ist der Zug?

76. Durch 11 teilbare Zahlen

Welches ist die kleinste und welches die größte durch 11 teilbare Zahl, die alle zehn Ziffern von 0 bis 9 genau einmal enthält? Die Zahl darf nicht mit einer Null beginnen.

77. Rechtecke

Zwei deckungsgleiche Rechtecke aus Papier sind so aufeinander gelegt worden, wie es die Skizze zeigt. Eine lange Seite des grauen Rechtecks läuft dabei von einer Ecke des weißen Rechtecks quer über seine Fläche bis zur gegenüberliegenden langen Seite.

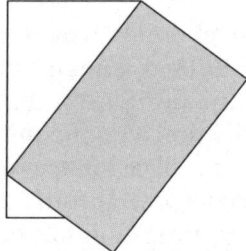

Verdeckt das graue Rechteck mehr oder weniger als die Hälfte des weißen Rechtecks?

78. Die verschwundenen Karos

Aus kariertem Papier wird ein Dreieck ausgeschnitten und dann in fünf Teile zerschnitten, so wie es die linke Zeichnung zeigt. Die fünf Schnipsel lassen sich anschließend, wie man in der rechten Zeichnung sehen kann, wieder zu einem Dreieck zusammensetzen, das genau deckungsgleich mit dem ursprünglichen ist. Überraschenderweise bleibt jedoch im Inneren eine Lücke von zwei Karos frei.

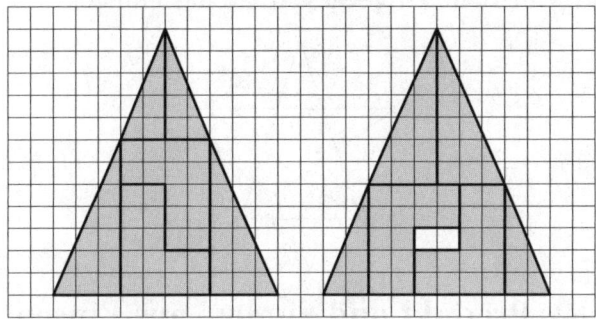

Wo sind die beiden Karos geblieben?

79. Das Bild an zwei Nägeln

Bilder werden häufig mit einem Faden, der an zwei Stellen des Rahmens befestigt ist, an einen Nagel in der Wand gehängt.

Angenommen, es stecken zwei Nägel mit einigen Zentimetern Abstand voneinander in der Wand. Wie kann man den Faden des Bildes um diese beiden Nägel schlingen, dass das Bild sicher an der Wand hängt, so lange beide Nägel in der Wand stecken, und zu Boden fällt, wenn einer der beiden, ganz egal welcher, herausgezogen wird?

80. Die Teilung

Finden Sie ein Vieleck, das sich in zwei Teile zerschneiden lässt, die beide die Form der ursprünglichen Figur haben, aber unterschiedlich groß sind. Das heißt, das Ausgangsvieleck und die beiden Teilvielecke sollen ähnlich sein, aber alle drei eine verschiedene Größe haben.

81. Die Dreiecke im Fünfeck

Wie viele verschiedene Dreiecke enthält das Fünfeck?

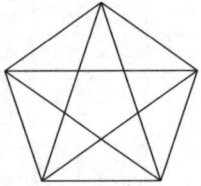

82. Produkt und Summe aus Einsen

Welche beiden Zahlen, deren Ziffern ausschließlich Einsen sind, ergeben bei ihrer Addition den gleichen Wert wie bei ihrer Multiplikation? Kann es ein solches Zahlenpaar überhaupt geben?

83. Die Schnittpunkte der Diagonalen

Als Diagonalen bezeichnet man in einem n−Eck die Verbindungslinien der Eckpunkte untereinander. Dabei zählen die Seiten des n−Ecks nicht mit.

Bei einem Quadrat schneiden sich die Diagonalen in einem Punkt und bei einem regelmäßigen Fünfeck in fünf Punkten.

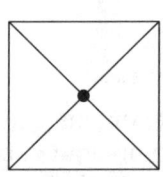 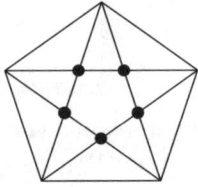

Wie viele Diagonalenschnittpunkte kann es in einem konvexen, aber nicht unbedingt regelmäßigen n−Eck höchstens geben?

84. Fakultät und Quadrat

$$N(n) = \sum_{i=1}^{n} i!$$

Für welche Werte von n ist $N(n)$ eine Quadratzahl?

85. Teilbarkeit

Die Ziffern 1, 2, 3, 4, 5, 6 und 7 lassen sich auf 7! = 5040 verschiedene Weisen zu einer siebenstelligen Zahl anordnen. Beweisen Sie, dass keine dieser 5040 Zahlen durch irgendeine andere von ihnen teilbar ist.

86. Das Seil um den Äquator

Die Erde hat einen Radius von 6378,5 Kilometern. Angenommen, sie wäre eine vollkommen glatte Kugel ohne Gebirge und Meerestiefen und um den Äquator wäre ein Seil straff gespannt. Dieses Seil würde nun um einen Meter verlängert und dann würde, damit es wieder straff gespannt wäre, an einer Stelle des Äquators ein Stab zwischen Seil und Erde gesteckt.
Wie lang müsste dieser Stab sein?

87. Die Differenz

London, Baker Street 221b. Sherlock Holmes und Dr. Watson sitzen sich bei einem Glas Portwein gegenüber.
Holmes: „Wirklich gute Detektive sind meistens auch gute Mathematiker, denn beiden Berufen liegt die Logik zugrunde."
Watson: „Ach ja?"
Holmes: „Wie Sie sicherlich wissen, lieber Freund, habe ich eine viel beachtete Arbeit über den binomischen Lehrsatz geschrieben."
Watson: „Ich habe sie gelesen, aber nicht verstanden."
Holmes: „Häufig sind Trivialitäten die schwierigsten Probleme der Mathematik. Zum Beispiel das Vorzeichen. Zahlen können positiv oder negativ sein."
Watson: „Ich verstehe nicht, worauf Sie hinaus wollen."
Holmes: „Ich will Ihnen ein Beispiel geben. Versuchen Sie folgende Aufgabe, einschließlich des Vorzeichens, richtig zu lösen: Wie viel ist null Komma neun minus null Komma zehn?"

88. Drei Spielkarten

Dora legt drei Spielkarten verdeckt nebeneinander auf den Tisch und sagt zu Alfred, Berta und Carl: „Dies sind drei verschiedene Pikkarten. Die linke hat den kleinsten und die rechte den größten Wert, und alle drei Karten haben zusammen den Wert 13."

Alfred schaut sich die linke Karte an, ohne dass auch Berta und Carl sie sehen können und sagt dann: „Ich weiß nicht, wie die anderen beiden Karten aussehen."

Nun wirft Berta einen Blick auf die rechte Karte, ohne dass Alfred und Carl sie sehen können und sagt: „Auch ich weiß nicht, wie die anderen beiden Karten aussehen."

Schließlich sieht sich Carl die mittlere Karte an, ohne dass Alfred und Berta einen Blick darauf werfen können und meint auch: „Ich weiß nicht, wie die anderen beiden Karten aussehen."

Angenommen, niemand hat gelogen, und Alfred, Berta und Carl sind perfekte Logiker, welche Zahl steht dann auf der mittleren Karte?

89. Die Quadrate im Punktekreuz

Wie viele Quadrate kann man in diese Figur zeichnen, deren vier Ecken auf den Punkten des Kreuzes liegen?

90. Das quadratlose Punktekreuz

Wie viele Punkte muss man mindestens aus der Figur der letzten Aufgabe entfernen, damit man kein Quadrat mehr einzeichnen kann, deren vier Ecken alle auf Punkten des Kreuzes liegen?

91. Der Knick im Geldschein

Ein rechteckiger Geldschein mit den Seitenlängen x und y wird so geknickt, dass die linke obere Ecke auf die rechte untere Ecke zu liegen kommt.

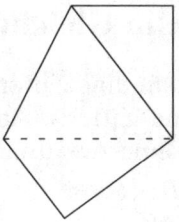

Wie lang ist der Knick?

92. Der Weg durch das Punktequadrat

Eine alte und sehr bekannte Denksportaufgabe lautet: Verbinden Sie die neun Punkte mit einem Bleistift in einem Zug durch vier gerade Linien. Der Stift darf also nicht abgesetzt werden und der Linienzug nur dreimal abknicken. Die Punkte sind Punkte im mathematischen Sinne, sie haben also den Durchmesser null und sind hier nur übertrieben groß gezeichnet. (Siehe mein Buch „Heureka!", S. 12, 49.)

Die Denkschwelle, die man bei der Lösung des Problems überwinden muss, ist, zu erkennen, dass die Knickstellen nicht mit den Punkten zusammenfallen. Hat man dies geschafft, dann ist die Aufgabe ganz einfach.

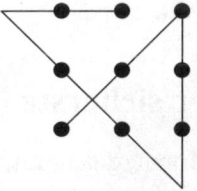

Angenommen, das quadratische Raster hat nicht nur 3×3 Punkte, sondern $n \times n$ Punkte. Sie sollen auch diese mit einem Bleistift in einem Zug miteinander verbinden, wobei die Linie nur aus geraden Abschnitten bestehen darf.

Wie viele gerade Abschnitte braucht man mindestens?

93. Zehn Gleichungen

Jeder der Buchstaben steht für eine Ziffer. Verschiedene Buchstaben bedeuten auch verschiedene Ziffern. Ausdrücke wie AC bedeuten nicht $A \cdot C$, sondern stellen eine zweistellige Zahl dar.

$$A \cdot B = B$$
$$B \cdot C = AC$$
$$C \cdot D = BC$$
$$D \cdot E = CH$$
$$E \cdot F = DK$$
$$F \cdot H = CJ$$
$$H \cdot J = KJ$$
$$J \cdot K = E$$
$$K \cdot L = L$$
$$A \cdot L = L$$

Welche Werte haben die zehn Buchstaben?

94. Dreieckzerlegung in Dreiecke

Kann man ein stumpfwinkliges Dreieck in lauter spitzwinklige Dreiecke unterteilen? Wenn ja, wie viele spitzwinklige Dreiecke braucht man mindestens dazu?

95. Eine zweite Dreieckzerlegung

Kann man jedes beliebige stumpfwinklige Dreieck in höchstens acht spitzwinklige, gleichschenklige Dreiecke zerlegen?

96. Der sicherste Monat

Welches ist der sicherste Monat, das heißt, der Monat in dem weltweit die wenigsten Menschen sterben?

97. Amerika

Wann begann Amerika mit einem A und endete mit einem e?

98. Eine seltsame Kugel

Die Oberfläche und das Volumen einer Kugel sind vierstellige Vielfache von π in Quadrat- bzw. Kubikzentimetern. Welchen Radius hat diese Kugel?

99. Austeilen der Bridgekarten

Beim Bridge werden zweiundfünfzig Karten an vier Spieler verteilt.

Angenommen, Sie teilen im Uhrzeigersinn die Karten einzeln aus und geben die erste Ihrem Mitspieler, der links von Ihnen sitzt. Als Sie etwa die Hälfte der Karten verteilt haben, klingelt das Telefon. Sie unterbrechen das Austeilen und gehen an den Apparat. Als Sie wiederkommen, wissen weder Sie noch einer Ihrer Mitspieler, wem Sie die letzte Karte gegeben haben.

Wie können Sie trotzdem, ohne dass jemand seine bisher erhaltenen Karten oder den restlichen Kartenstapel nachzählt, alle Karten schnell und korrekt austeilen?

100. Die Streichholzgleichung

Bei dieser fehlerhaften Streichholzgleichung ist die linke Seite um mehr als 64 Prozent größer als die rechte Seite.

Legen Sie ein Streichholz so um, dass der Fehler auf unter ein Promille schrumpft.

Lösungen

1. Das Hufeisen

Die Schnitte müssen durch zwei Nagellöcher laufen.

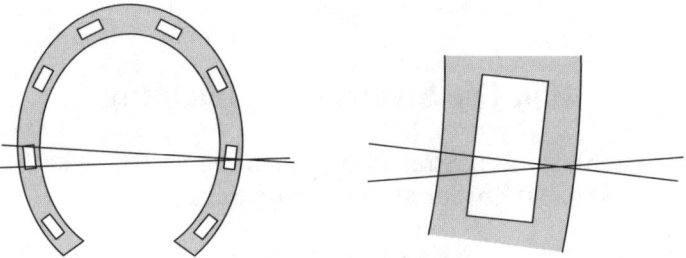

Quelle: Aufgabe: David Wells, The Penguin Book of Curious and Interesting Puzzles, London 1992, S. 128–129, 306. — Lösung: Torsten Sillke und Helmut Postl, in diesem Buch. — Wells hat in seinem Buch nur einer Zerlegung in sechs Teile gefunden.

2. Eine Liste mit Behauptungen

1. Die Nummer der ersten wahren Behauptung dieser Liste plus der Nummer der zweiten falschen Behauptung ergibt die Nummer einer wahren Behauptung.
2. In dieser Liste sind mehr wahre als falsche Behauptungen.

3. Die Nummer der zweiten wahren Behauptung plus der Nummer der ersten falschen Behauptung ergibt die Nummer einer wahren Behauptung.
4. Die Liste enthält keine zwei aufeinanderfolgenden wahren Behauptungen.
5. In dieser Liste sind höchstens drei Behauptungen falsch.
6. Wenn diese Liste nur aus den Behauptungen 1 bis 5 bestünde, wäre die Antwort auf die folgende Frage die gleiche.

Welche Behauptungen sind wahr?

Wir nehmen zunächst einmal an, dass die sechste Behauptung wahr wäre. Dann würde im Fall der kompletten Liste die sechste Behauptung in der Antwort auf die Frage enthalten sein. Andererseits kann die Antwort bei der Liste, die nur aus den ersten fünf Behauptungen besteht, natürlich nicht die sechste Behauptung enthalten, deshalb wären die beiden Antworten auf jeden Fall verschieden. Das widerspricht jedoch der Annahme, dass die sechste Behauptung wahr wäre. Also muss sie falsch sein.

Angenommen, die zweite Behauptung wäre wahr. Dann gäbe es mindestens vier richtige Behauptungen. Eine davon wäre die zweite und eine weitere die fünfte Behauptung. Die Liste enthielte auf jeden Fall zwei aufeinanderfolgende wahre Behauptungen, so dass die vierte Behauptung falsch wäre. Folglich müssten die erste und dritte Behauptung wahr sein. Somit müsste aber nach der ersten Behauptung die Liste aus mindestens sieben Behauptungen bestehen, was aber falsch ist. Deshalb kann die ursprüngliche Annahme, dass die zweite Behauptung richtig sei, nicht stimmen.

Sie ist also falsch. Folglich sind mindestens drei Behauptungen falsch. Wenn die vierte Behauptung falsch wäre, müsste es zwei aufeinanderfolgende richtige Behauptungen geben, was aber nicht möglich sein könnte, da die zweite und vierte Behauptung falsch wären. Somit ist die vierte Behauptung wahr. Dies hat zur Folge, dass die dritte und die fünfte Behauptung falsch sein müssen.

Da die vierte Aussage nicht die einzige wahre sein kann, muss auch die erste richtig sein.

Die beiden wahren Behauptungen der Liste sind also die erste und die vierte.

Quelle: Aufgabe: Sue Denham (Pseudonym von Victor Bryant), New Scientist 90, 21. Mai 1981, S. 516. — Lösung: Sue Denham, New Scientist 91, 11. Juni 1981, S. 713. — Bryant gibt im New Scientist als Lösung nur die beiden Zahlen 1 und 4 an. Einen ausführlichen Lösungsweg findet man erstmals in: Robert Eastaway, Enigmas, London 1982, S. 15, 123.

3. Münzrangieren

Die Aufgabe lässt sich mit nur vier Zügen lösen.

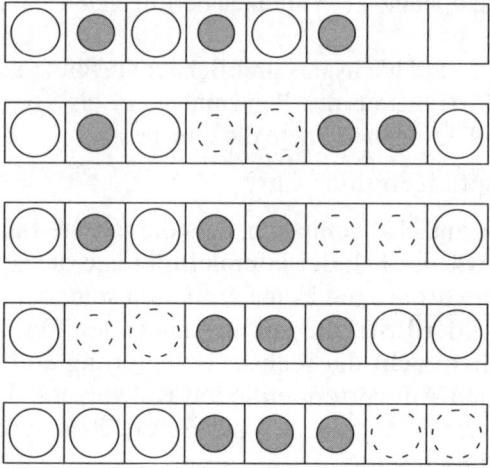

Quelle: Geoffrey Mott−Smith, Mathematical Puzzles for Beginners and Enthusiasts, Philadelphia 1946, S. 7−8, 142−143.

4. Weiteres Münzrangieren

Auch diese Aufgabe lässt sich mit nur vier Zügen lösen.

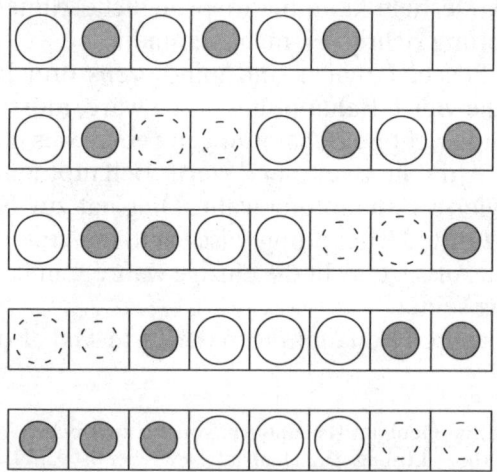

Quelle: Geoffrey Mott−Smith, Mathematical Puzzles for Beginners and Enthusiasts, Philadelphia 1946, S. 7−8, 142−143.

5. Schachspiele

Wir bezeichnen mit V die Wahrscheinlichkeit, dass Alfred bei einer Schachpartie gegen seinen Vater gewinnt und mit M die, dass er gegen seine Mutter gewinnt. Dabei ist $V > M$.

Wenn Alfred die erste Partie gegen seine Mutter spielt, muss er die mittlere Partie auf jeden Fall gewinnen, was mit einer Wahrscheinlichkeit V eintritt. Außerdem darf er nicht die beiden anderen Spiele verlieren. Dass er die beiden Partien gegen seine Mutter verliert, ist mit einer Wahrscheinlichkeit von $(1 - M)^2$ der Fall. Folglich verliert er nicht beide Partien mit einer Wahrscheinlichkeit von

$$1 - (1 - M)^2 = M(2 - M).$$

Seine Chance, das Schachbrett zu bekommen, beträgt somit

$$VM(2 - M).$$

Spielt Alfred zuerst gegen seinen Vater, so beträgt in diesem Fall die Wahrscheinlichkeit, das Schachbrett zu erhalten, ganz analog

$$VM(2 - V).$$

Da $V > M$ ist, gilt

$$VM(2 - M) > VM(2 - V).$$

Alfred sollte also die erste Partie gegen seine Mutter spielen.

Quelle: Aufgabe: Leo Moser in: Martin Gardner, Scientific American 207, Oktober 1962, S. 132. — Lösung: Leo Moser in: Martin Gardner, Scientific American 207, November 1962, S. 162.

6. Fibonacci—Rechtecke

Die ersten Fibonacci—Zahlen sind

$$1, 1, 2, 3, 5, 8, 13, 21, 34, 55, 89, 144, 233, \ldots$$

Es ist also leicht zu sehen, dass gilt:

$$F_2^2 + 1 = F_3 \cdot F_1$$
$$F_3^2 - 1 = F_4 \cdot F_2$$
$$F_4^2 + 1 = F_5 \cdot F_3$$
$$F_5^2 - 1 = F_6 \cdot F_4$$

Nun kann man Folgendes vermuten:

$$F_n^2 + (-1)^n = F_{n+1} \cdot F_{n-1}$$

Für $n = 2$ bis $n = 5$ ist diese Gleichung auf jeden Fall richtig. Nehmen wir nun an, sie sei auch für einen beliebigen Wert von n, der größer ist als 5, korrekt.

Aus der Definition der Fibonacci–Zahlen folgt:

$$F_{n+1} = F_n + F_{n-1}$$

$$F_{n-1} = F_{n+1} - F_n$$

Dies setzt man in die obige Gleichung ein.

$$F_n^2 + (-1)^n = F_{n+1}\big(F_{n+1} - F_n\big)$$

$$F_n^2 + (-1)^n = F_{n+1}^2 - F_{n+1} \cdot F_n$$

Wir benutzen nun noch einmal die Definition.

$$F_{n+2} = F_{n+1} + F_n$$

$$F_{n+1} = F_{n+2} - F_n$$

Der Ausdruck wird in die obige Gleichung eingesetzt.

$$F_n^2 + (-1)^n = F_{n+1}^2 - \big(F_{n+2} - F_n\big)F_n$$

$$F_{n+1}^2 - (-1)^n = F_{n+2} \cdot F_n$$

$$F_{n+1}^2 + (-1)^{n+1} = F_{n+2} \cdot F_n$$

Dies bedeutet, wenn die ursprüngliche Annahme für n richtig ist, dann ist sie es auch für $n + 1$. Und da sie für $n = 2$ bis $n = 5$ auf jeden Fall wahr ist, gilt sie auch für alle anderen Werte von $n > 5$. Damit ist die Behauptung bewiesen.

Quelle: Jean Dominique Cassini, Histoire Acad. Roy. Paris 1, 1680, S. 201.

7. Die Winkel in den Quadraten

Es gibt zahlreiche Wege, um zu zeigen, dass $A + B = C$ ist. Charles W. Trigg hat insgesamt vierundfünfzig verschiedene Beweise gesammelt. Dieser hier ist jedoch einer der einfachsten.

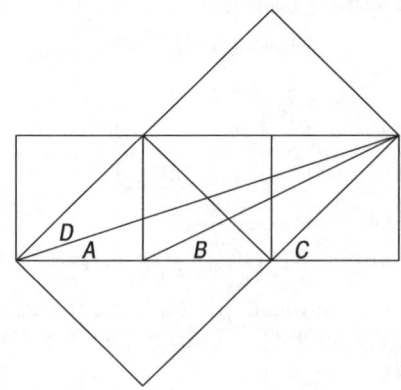

Zuerst erweitert man die Zeichnung um zwei schrägliegende Quadrate, die die Diagonalen der ursprünglichen Quadrate als Seitenlänge haben.

Der Winkel B gehört zu einem rechtwinkligen Dreieck, dessen Katheten Längen von einer halben bzw. einer ganzen Seite des mittleren kleinen Quadrates haben. Der Winkel D gehört auch zu einem rechtwinkligen Dreieck, dessen Katheten jedoch Längen von einer halben bzw. einer ganzen Seite des unteren großen Quadrates haben. Diesen beiden Dreiecke sind also ähnlich, und deshalb haben die Winkel B und D den gleichen Wert.

An der Zeichnung kann man direkt sehen, dass $A + D = C$ ist, und da B und D gleich sind, muss auch $A + B = C$ sein.

Quelle: Aufgabe: Lyber Katz in: Martin Gardner, Scientific American 222, Februar 1970, S. 113. — Lösung: Lyber Katz in: Martin Gardner, Scientific American 222, März 1970, S. 122, 124. — Lyber Katz schreibt in einem Brief vom 5. März 1970 an Charles W. Trigg, dass ihm das Problem im Geometrieunterricht in Moskau im Schuljahr 1931/32 gestellt wurde. — Triggs vierundfünfzig Beweise: Charles W. Trigg, Journal of Recreational Mathematics 4, April 1971, S. 90–99.

8. Die Winkel in den Fibonacci–Rechtecken

Das Fibonacci–Rechteck aus der Aufgabe besteht aus F_{2n+2} Einheitsquadraten.

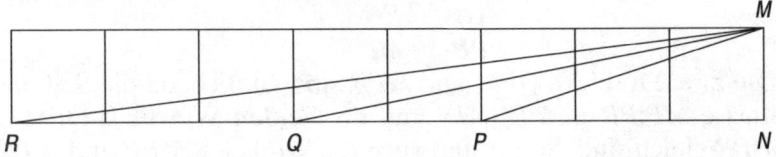

Für die Strecken NP, NQ, NR, PQ und PR gilt:

$$NP = F_{2n}$$

$$NQ = F_{2n+1}$$

$$NR = F_{2n+2}$$

$$PQ = F_{2n+1} - F_{2n}$$

$$PR = F_{2n+2} - F_{2n}$$

Die Länge der Strecke MP kann man mit dem Satz des Pythagoras berechnen.

$$MP = \sqrt{F_{2n}^2 + 1}$$

In der vorletzten Aufgabe wurde für die Fibonacci–Zahlen folgender Satz bewiesen:

$$F_{2n}^2 + (-1)^{2n} = F_{2n-1} \cdot F_{2n+1}$$

Da $2n$ immer geradzahlig ist, vereinfacht sich die Gleichung ein wenig.

$$F_{2n}^2 + 1 = F_{2n-1} \cdot F_{2n+1}$$

Aus der Definition der Fibonacci–Zahlen folgt

$$F_{2n+1} = F_{2n} + F_{2n-1}$$

$$F_{2n-1} = F_{2n+1} - F_{2n}$$

und

$$F_{2n+2} = F_{2n+1} + F_{2n}$$

$$F_{2n+1} = F_{2n+2} - F_{2n} \, .$$

Dies wird in die obige Gleichung eingesetzt.

$$F_{2n}^2 + 1 = \left(F_{2n+1} - F_{2n}\right)\left(F_{2n+2} - F_{2n}\right)$$

$$\sqrt{F_{2n}^2 + 1} \cdot \sqrt{F_{2n}^2 + 1} = \left(F_{2n+1} - F_{2n}\right)\left(F_{2n+2} - F_{2n}\right)$$

$$\frac{\sqrt{F_{2n}^2 + 1}}{F_{2n+2} - F_{2n}} = \frac{F_{2n+1} - F_{2n}}{\sqrt{F_{2n}^2 + 1}}$$

$$\frac{MP}{PR} = \frac{PQ}{MP}$$

Die zwei Dreiecke QPM und MPR sind ähnlich, da die Seitenverhältnisse $MP{:}PR$ und $PQ{:}MP$ und die beiden Winkel $\sphericalangle QPM$ und $\sphericalangle MPR$ gleich sind. Somit sind auch die Winkel $\sphericalangle MRP$ und $\sphericalangle QMP$ gleich. Daraus folgt:

$$\sphericalangle MPN = \sphericalangle QMP + \sphericalangle MQP = \sphericalangle MRP + \sphericalangle MQP$$

Nun drücken wir die Winkel mit Hilfe der Arkuskotangens–Funktion aus.

$$\operatorname{arccot} F_{2n} = \operatorname{arccot} F_{2n+1} + \operatorname{arccot} F_{2n+2}$$

Für $n = 1, 2, 3, \ldots$ wird daraus:

$$\operatorname{arccot} 1 = \operatorname{arccot} 2 + \operatorname{arccot} 3$$
$$\operatorname{arccot} 3 = \operatorname{arccot} 5 + \operatorname{arccot} 8$$
$$\operatorname{arccot} 8 = \operatorname{arccot} 13 + \operatorname{arccot} 21$$
$$\vdots$$

Fasst man alle diese Gleichungen zu einer zusammen, erhält man

54

$$\text{arccot}\,1 \;=\; \text{arccot}\,2 + \text{arccot}\,5 + \text{arccot}\,13 + \text{arccot}\,34 + \ldots$$

oder

$$\text{arccot}\,1 \;=\; \sum_{i=1}^{n} \text{arccot}\,F_{2i+1} + \text{arccot}\,F_{2n+2}.$$

Nun kann man noch auf beiden Seiten der Gleichung arccot 1 hinzuzählen.

$$2\,\text{arccot}\,1 \;=\; \sum_{i=0}^{n} \text{arccot}\,F_{2i+1} + \text{arccot}\,F_{2n+2}$$

$$90° \;=\; \sum_{i=0}^{n} \text{arccot}\,F_{2i+1} + \text{arccot}\,F_{2n+2}$$

Ersetzt man nun noch die Arkuskotangens–Ausdrücke durch die Winkelbezeichnungen aus der Aufgabe, so ist der Beweis abgeschlossen.

$$\sum_{i=0}^{n} A_{2i+1} + A_{2n+2} \;=\; 90°$$

Die vorherige Aufgabe ist übrigens nur ein Spezialfall dieses Problems mit $n = 2$.

Quelle: Charles W. Trigg, The Fibonacci Quarterly 11, Dezember 1973, S. 539–540.

9. Der Abstand der Go–Steine

Wir bezeichnen die vertikalen Linien immer abwechselnd mit 0 und 1 und die horizontalen mit A und B.

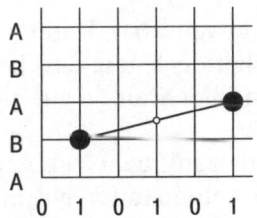 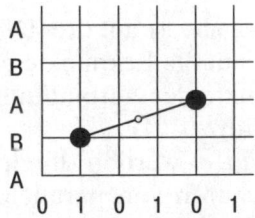

Zunächst einmal betrachten wir nur die vertikalen Linien. Der Mittelpunkt der Verbindungslinie zwischen zwei Steinen fällt immer dann auf eine vertikale Linie, wenn die Steinlinien die gleiche Nummer haben. Die linke Skizze zeigt ein Beispiel. Sind die Steinliniennummern jedoch verschieden, wie beispielsweise in der rechten Skizze, so liegt der Mittelpunkt der Verbindungslinie genau zwischen zwei vertikalen Linien.

Für die horizontalen Linien gilt entsprechendes: Sind die Steinlinienbuchstaben gleich, so liegt der Mittelpunkt der Verbindungslinie auf einer horizontalen Linie.

Damit der Mittelpunkt der Verbindungslinie auf eine Kreuzung von zwei Linien fällt, muss also für die beiden Steine gelten, dass sowohl die Bezeichnungen ihrer vertikalen als auch ihrer horizontalen Linien gleich sind.

Für die Positionsbezeichnung eines Steines gibt es nur vier Möglichkeiten: A0, A1, B0 und B1. Setzt man nun fünf Steine auf das Go—Brett, so muss es wenigstens zwei geben, die die gleiche Bezeichnung haben. Folglich liegt bei diesem Paar der Mittelpunkt ihrer Verbindungslinie auf einer Kreuzung zweier Linien.

Dies bedeutet, es gibt bei fünf Steinen immer mindestens eine Verbindungslinie, deren Mittelpunkt auf einer Linienkreuzung liegt, und damit ist die ursprüngliche Aufgabe unlösbar.

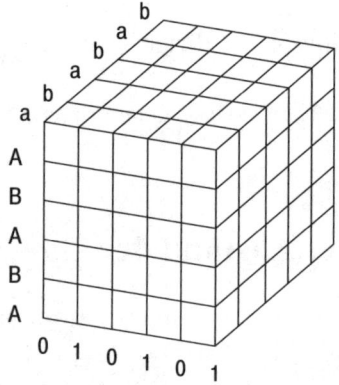

Die Aufgabe ist auf drei Dimensionen erweiterbar. Kann man neun Steine so auf die Eckpunkte eines Würfelgitters legen, dass keiner der Mittelpunkte der Verbindungslinien von zwei Steinen auf eine Würfelecke fällt?

Die Würfel werden durch drei jeweils senkrecht zueinanderstehende Scharen von parallelen Ebenen voneinander getrennt. Die Ebenen der ersten Schar bezeichnet man immer abwechselnd mit 0 und 1, die der zweiten Schar abwechselnd mit A und B und die der dritten mit a und b. Genau wie im zweidimensionalen Fall liegt der Mittelpunkt der Verbindungslinie zweier Steine auf einer Würfelecke, wenn die Positionsbezeichnungen der beiden Steine gleich sind.

Es sind insgesamt acht verschiedene Positionsbezeichnungen möglich: 0Aa, 0Ab, 0Ba, 0Bb, 1Aa, 1Ab, 1Ba und 1Bb. Folglich muss es bei neun Steinen immer mindestens zwei geben, die die gleiche Bezeichnung haben und deren Verbindungslinien—Mittelpunkt auf einer Würfelecke liegt.

Allgemein gilt, dass man auf einem n—dimensionalen Gitter höchstens 2^n Steine unterbringen kann, ohne dass die Verbindungslinien—Mittelpunkte auf Gitterpunkte fallen.

Quelle: Zweidimensionale Variante: David Wells, The Penguin Book of Curious and Interesting Puzzles, London 1992, S. 157, 345. — Dreidimensionale Variante: Warren S. Loud, Murray Klamkin und Nathan S. Mendelsohn, 32nd William Lowell Putnam Mathematical Competition, 4. Dezember 1971, Aufgabe A—1. — Die Aufgaben und Lösungen der „32nd William Lowell Putnam Mathematical Competition" wurden veröffentlicht in: J. K. McKay, American Mathematical Monthly 80, Februar 1973, S. 172, 173.

10. Dreieck- und Quadratzahlen

Von jedem Münzdreieck lassen sich zwei gleiche Dreiecke von der Spitze und von der rechten Ecke abtrennen. Zurück bleibt immer ein Rhombus, der nichts anderes ist als ein verzerrtes Quadrat. Folglich kann jede Dreieckzahl, die größer als 1 ist, in zwei kleinere Dreieckzahlen und eine Quadratzahl zerlegt werden.

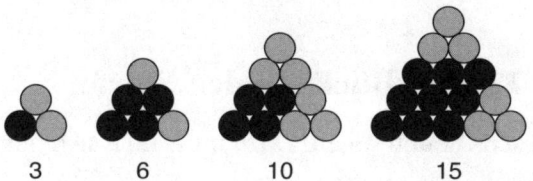

| 3 | 6 | 10 | 15 | ... |

Quelle: David Wells, The Penguin Book of Curious and Interesting Puzzles, London 1992, S. 162, 351—352.

11. Das rollende Dreieck

Der Umfang des Quadrates ist achtmal so lang wie eine Dreiecksseite. Nach acht Abrollungen befindet sich das Dreieck also wieder in seiner Ausgangsstellung. Nach jeder dritten Abrollung ragt die schwarze Ecke ins Innere des Quadrates, ansonsten liegt sie an seinem Umfang.

Da 8 nicht durch 3 teilbar ist, zeigt die schwarze Spitze nicht nach oben, wenn das Dreieck die Ausgangsstellung erreicht hat. Erst nach drei kompletten Umläufen durch das Quadrat hat die schwarze Spitze wieder ihre ursprüngliche Position erreicht.

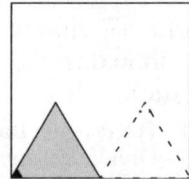 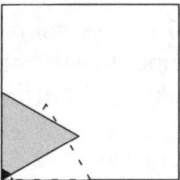

Das Dreieck macht beim Rollen immer abwechselnd zwei verschiedene Bewegungen: eine Drehung um 120° und eine Drehung um 30° jeweils um seine vordere Ecke. Bei vierundzwanzig Abrollungen dreht sich das Dreieck also insgesamt um $12(120° + 30°) = 1800°$. Dies entspricht $1800°/360° = 5$ vollständigen Umdrehungen.

Die schwarze Ecke macht nur zwei Drittel der Drehungen mit; bei einem Drittel ist sie der Drehpunkt. Das bedeutet, die schwarze Ecke dreht sich nur $5 \cdot 2/3 = 10/3 -$ mal im Kreis. Da die Seiten a des Dreiecks die Radien der Drehkreise sind, hat der gesamte Weg s der schwarzen Ecke die Länge

$$s = \frac{10}{3} \cdot 2\pi a \approx 209{,}44 \text{ cm}.$$

Quelle: Darryl Francis, Games and Puzzles, Heft 28, September 1974, S. 26, 40.

12. Der Blick auf den Würfel

Man kann alle sechs Seiten sehen. Dazu muss man sich nur ins Innere des Würfels setzen.

Quelle: David Wells, Hidden Connections, Double Meanings, Cambridge 1988, S. 10, 130, 135.

13. Das Neuneck

Der Bogen AB schneidet aus dem Kreis einen Winkel von $360°/9 = 40°$ heraus, folglich beträgt der Bogen AD das anderthalbfache dieses Wertes, also 60°. Da die beiden Seiten AO und DO des Dreiecks AOD beide Radien des Kreises sind und der Winkel $AOD = 60°$ ist, muss dieses Dreieck gleichseitig sein und die Strecke AN senkrecht auf der Seite DO stehen.

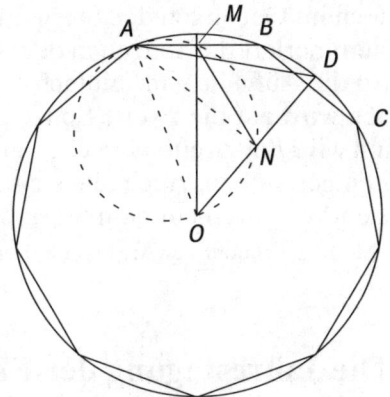

Der Kreis, der *AO* als Durchmesser hat, ist folglich ein Thaleskreis für die beiden rechtwinkligen Dreiecke *AMO* und *ANO*. Das bedeutet, die Punkte *M* und *N* liegen auf diesem Kreisumfang.

Der Winkel *OAN* beträgt 30°. Da die beiden Dreiecke *OAN* und *OMN* die Kreissehne *ON* als gemeinsame Seite besitzen, und *A* und *M* auf demselben Kreis liegen, müssen auch die Winkel *OAN* und *OMN* gleich groß sein. Folglich beträgt der gesuchte Winkel 30°.

Quelle: Aufgabe: Edgar Karst, American Mathematical Monthly 62, Dezember 1955, S. 728. — Lösung: Howard Eves, American Mathematical Monthly 63, Juni 1956, S. 423.

14. Groschen und Stern

Viele versuchen, sich beim Lösen des Problems von der Nummerierung der Sternspitzen leiten zu lassen, und tappen dadurch in eine Falle.

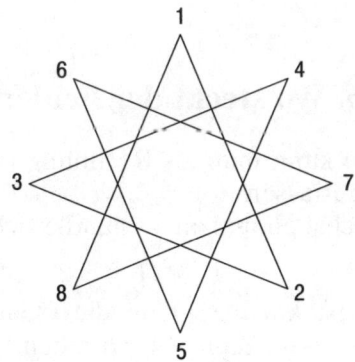

Zeichnet man jedoch im Gedanken den Stern mit einem Stift in einem Zug nach und nummeriert die Spitzen in der Reihenfolge, in der man sie erreicht, wird die Aufgabe ganz einfach.

Der erste Groschen wird auf die zweite Spitze gelegt und auf die erste geschoben, dann wird der zweite Groschen auf die dritte Spitze gelegt und zur zweiten geschoben. Auch alle weiteren Münzen werden nach dem gleichen Verfahren auf dem Stern platziert.

Quelle: Ignaz Bernhard Montag, Wunder der Arithmetik, Leipzig 1851, S. 14−15.

15. Die Jahrestagung der FZV

Jede positive ganze Zahl m kann man zerlegen in ein Produkt aus ihrem größten ungeradzahligen Teiler u und einer Zweierpotenz 2^i.

$$m = u \cdot 2^i$$

Bei allen ungeraden Zahlen m ist der größte ungerade Teiler u die Zahl m selbst und damit $2^i = 2^0 = 1$. Bei allen geraden Zahlen ist der größte ungerade Teiler jedoch kleiner als m. So ist beispielsweise $28 = 7 \cdot 2^2$.

Die Anzahl n der Mathematiker ist gerade. Darum ist von den Zahlen von 1 bis n die Hälfte ungerade, das heißt, es kann auch nur $n/2$ verschiedene ungerade größte Teiler geben. Wenn $n/2 + 1$ Mathematiker im Saal 1 bleiben, dann muss es mindestens zwei geben, deren Namensschildzahlen den gleichen größten ungeraden Teiler haben. Die größere dieser beiden Zahlen kann man folglich durch die kleinere teilen, und der Quotient ist eine Zweierpotenz. Einer dieser beiden Mathematiker müsste also den Saal verlassen.

Quelle: Aufgabe: Paul Erdös, American Mathematical Monthly 42, Juni 1935, S. 396. — Lösung: Martha Wachsberger, E. Weiszfeld und Mannis Charosh, American Mathematical Monthly 44, Februar 1937, S. 120.

16. Wo steckt der Fehler?

Die Gleichungsreihe kann man als Rechnung mit reellen oder mit komplexen Zahlen auffassen

Nehmen wir zunächst einmal an, es handle sich um reelle Zahlen.

$$1 = \sqrt{1}$$

Diese Gleichung ist korrekt, denn die Quadratwurzel aus der reellen Zahl 1 ist die reelle Zahl $+1$. Die reelle Zahl -1 darf nicht auf der linken Seite der Gleichung stehen, denn laut Definition gilt für die Quadratwurzel aus reellen Zahlen

$$\sqrt{a^2} = |a| \, .$$

Auch die nächste Gleichung ist noch richtig.

$$\sqrt{1} = \sqrt{(-1)(-1)}$$

Die reelle Zahl 1 ist zweifellos das Produkt der beiden reellen Zahlen -1 und -1.

Die darauf folgende Gleichung jedoch ist falsch.

$$\sqrt{(-1)(-1)} \neq \sqrt{-1} \cdot \sqrt{-1}$$

Im Reellen ist die Quadratwurzel aus -1 nicht definiert. Damit sind auch die beiden nächsten Schritte nicht mehr sinnvoll.

Nehmen wir nun an, dass sich alle Gleichungen auf komplexe Zahlen beziehen.

Die erste Gleichung ist nun unvollständig, denn anders als im Reellen gilt im Komplexen, dass das Ergebnis der Wurzel $\sqrt{a}$ die beiden Zahlen z und $-z$ sind, für die $z^2 = a$ und $(-z)^2 = a$ gilt. Korrekt muss also die erste Gleichung lauten:

$$\pm 1 = \sqrt{1}$$

Die nächsten beiden Gleichungen sind richtig.

$$\sqrt{1} = \sqrt{(-1)(-1)} = \sqrt{-1} \cdot \sqrt{-1}$$

Im Komplexen hat die Quadratwurzel aus $\sqrt{-1}$ die beiden Werte $+i$ und $-i$. Der nächste Schritt ist deshalb wieder unvollständig.

$$\sqrt{-1} \cdot \sqrt{-1} = (\pm i) \cdot (\pm i)$$

Die beiden Plusminuszeichen kann man auch zusammenfassen.

$$\sqrt{-1} \cdot \sqrt{-1} = \pm i \cdot i$$

Da $i \cdot i = -1$ ist, gilt für die letzte Gleichung:

$$\pm i \cdot i = \mp 1$$

Die vollständige und korrekte Gleichungsreihe hat also folgende Form:

$$\pm 1 = \sqrt{1} = \sqrt{(-1)(-1)} = \sqrt{-1} \cdot \sqrt{-1} = \pm i \cdot i = \mp 1$$

Und dies ist zweifellos richtig.

Quelle: Walther Lietzmann und Viggo Trier, Wo steckt der Fehler?, Leipzig 1913, S. 9–10.

17. Unbekannte Ziffern

Wir bezeichnen die drei aufeinanderfolgenden geraden Zahlen mit $n - 2$, n und $n + 2$.

$$(n - 2) \cdot n \cdot (n + 2) = 87??????$$

Da diese Zahlen etwa gleich groß sind, gilt näherungsweise

$$n^3 \approx 87??????$$

oder

$$n \approx \sqrt[3]{87??????} \, .$$

Die Zahl unter der Wurzel hat einen Wert zwischen 87000000 und 87999999. Das bedeutet, der Wert von n liegt etwa zwischen 443 und 445. Die einzige gerade Zahl in dem Bereich ist 444. Dies ist auch tatsächlich eine Lösung, wie man durch Ausmultiplizieren leicht überprüfen kann.

$$442 \cdot 444 \cdot 446 = 87526608$$

Das nächstkleinere Zahlentripel ergibt

$$440 \cdot 442 \cdot 444 = 86349120$$

und das nächstgrößere

$$444 \cdot 446 \cdot 448 = 88714752 \, .$$

Folglich sind die drei Zahlen 442, 444 und 446 auch die einzige Lösung.

Quelle: Charles W. Trigg, Mathematics Magazine 37, November–Dezember 1964, S. 321, 360. — Trigg hat in der Aufgabe nicht nur die ersten beiden Ziffern, sondern auch noch die letzte Ziffer angegeben. Dies ist jedoch eine überflüssige Information.

18. Zwölfecke

Ein regelmäßiges Zwölfeck kann man sich aus zwölf gleichseitigen Dreiecken und sechs Quadraten zusammengesetzt denken.

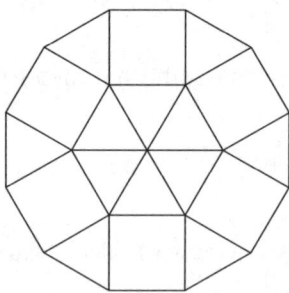 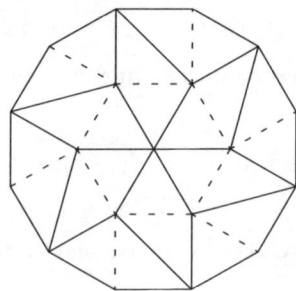

Halbiert man die Quadrate entlang einer ihrer Diagonalen und verbindet jede dieser Hälften mit einem der gleichseitigen Dreiecke, erhält man zwölf deckungsgleiche Vierecke. Zerschneidet man die beiden Zwölfecke in vierundzwanzig dieser Vierecke, so lässt sich daraus ein neues, größeres Zwölfeck bauen.

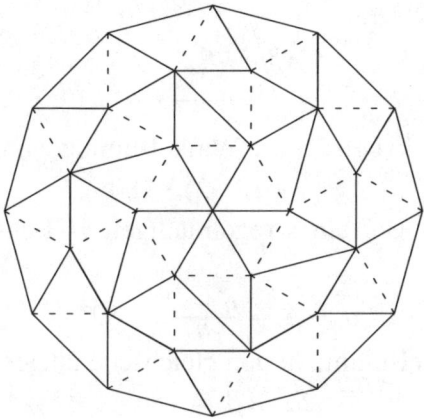

Eines der beiden Zwölfecke hätte also gar nicht zerteilt werden müssen.

Quelle: Aufgabe: Joseph Rosenbaum, American Mathematical Monthly 53, Mai 1946, S. 270. — Lösung: J. M. Kingston, American Mathematical Monthly 54, Januar 1947, S. 44.

19. Streichholzfünfecke

Legt man die fünf gleichschenkligen Dreiecke und eines der beiden regelmäßigen Fünfecke ins Innere des zweiten Fünfecks, ist die Lösung leicht zu finden.

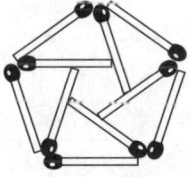

Kann man das Problem zu folgender Aufgabe verallgemeinern? Legen Sie $2n$ Streichhölzer analog zum obigen Muster zu zwei regelmäßigen n−Ecken und n deckungsgleichen gleichschenkligen Dreiecken aus!

Dazu betrachten wir die Winkel, die die Streichholzfigur haben müsste.

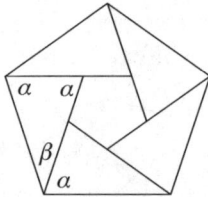

In einem $n-$Eck beträgt die Winkelsumme γ immer
$$\gamma = (n - 2) \cdot 180° \, .$$
Der Winkel $\alpha + \beta$ eines regelmäßigen $n-$Ecks hat folglich die Größe
$$\alpha + \beta = \frac{n - 2}{n} \cdot 180° \, ,$$
und für die Winkelsumme in den gleichschenkligen Dreiecken gilt
$$2\alpha + \beta = 180° \, .$$
Fügt man die beiden Gleichungen zusammen, erhält man
$$\beta = \left(1 - \frac{4}{n}\right) \cdot 180° \, .$$
Da jeweils zwei der Dreiecksseiten ein Streichholz lang sind und die dritte Seite kürzer ist als ein Streichholz, muss β kleiner als 60° sein.
$$0° < \beta < 60°$$
Es ist leicht zu sehen, dass diese Bedingung nur für $n = 5$ erfüllt ist. Eine Verallgemeinerung des Problems ist also nicht möglich.

In einer ganzen Reihe von Rätselbüchern taucht das Problem trotzdem in folgender Variante auf: Legen Sie acht Streichhölzer zu zwei Quadraten und vier deckungsgleichen Dreiecken aus! Als Lösung wird folgende Zeichnung angegeben:

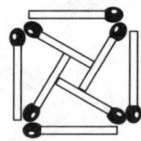

Diese Lösung ist natürlich falsch, denn die Quadratseiten müssen länger als ein Streichholz sein.

Quelle: Sophus Tromholt, Streichholzspiele, 9. Aufl., Leipzig ca. 1906, S. 70, 134. — Beispiele für die fehlerhafte Quadratvariante: Sophus Tromholt, Streichholzspiele, 2. Aufl., Leipzig 1889, S. 65, 114. (Tromholt hat offensichtlich irgendwann zwischen der 4. und 9. Auflage seinen Fehler bemerkt.) – Bryant und May (Hrsg.), The 'Bry-may' Puzzle Book, ohne Datum (wahrscheinl. vor 1900), S. 10, 22. – C. E. Lüders, Der Streichholzkünstler in der Westentasche, Mühlhausen i. Thür. ca. 1920, S. 58. – Jules Leopold, Check Your Wits, New York 1948, S. 151, 227. – Willi Janzen, Denksport, Hildesheim 1952, S. 62. – Karl Heinz Paraquin, Denkspielebuch, Ravensburg 1973, S. 23, 113. – Maxey Brooke, Tricks, Games and Puzzles with Matches, New York 1973, S. 7, 42. – Gilbert Obermair, Streichholz–Spielereien, München 1975, S. 48, 130. – Gyles Brandreth, Games and Puzzles with Coins and Matches, London 1976, S. 53, 101. – Dieter Vogt, Streichholzspiele, Frankfurt 1985, S. 26, 73. – Michael Schuyt, Phantastische Zündholzspiele, Köln 1989, S. 45, 142. – David Wells, The Penguin Book of Curious and Interesting Puzzles, London 1992, S. 157, 346. — Eine fehlerhafte Sechseckvariante gibt es auch: Walter Sperling, Amüsanter Zeitvertreib, Rüschlikon–Zürich 1949, S. 61–62, 153.

20. Der Satz des Pythagoras

Es gibt viele Möglichkeiten, den Satz des Pythagoras zu beweisen. Bei einer besonders einfachen zeichnet man auf die Hypotenuse eines rechtwinkligen Dreiecks ein Quadrat. Auf die drei noch freien Seiten des Quadrats setzt man Duplikate des rechtwinkligen Dreiecks. Dadurch entsteht ein zweites Quadrat, in dessen Inneren das Hypotenusenquadrat liegt.

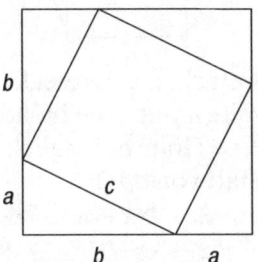

Das Außenquadrat hat eine Seitenlänge von $a + b$ und damit eine Fläche von

$$A = (a + b)^2.$$

Die Fläche kann man sich jedoch auch zusammengesetzt denken aus dem Hypotenusenquadrat mit einer Fläche von c^2 und vier rechtwinkligen Dreiecken mit einer Fläche von jeweils $ab/2$. Dadurch erhält man

$$A = c^2 + 4\frac{ab}{2}.$$

Diese Ausdrücke kann man gleich setzen und nach c^2 auflösen.

$$(a + b)^2 = c^2 + 4\frac{ab}{2}$$

$$a^2 + b^2 = c^2$$

Damit ist der Satz des Pythagoras bewiesen.

Quelle: Pythagoras von Samos (ca. 570 v. Chr. − ca. 490 v. Chr.) — Höchstwahrscheinlich stammt dieser Satz gar nicht von Pythagoras, sondern ist schon älteren Ursprungs.

21. Der erweiterte Pythagoras

Zeichnet man das ursprüngliche rechtwinklige Dreieck auf alle vier Seiten des Hypotenusenquadrates, sieht man die Lösung leicht.

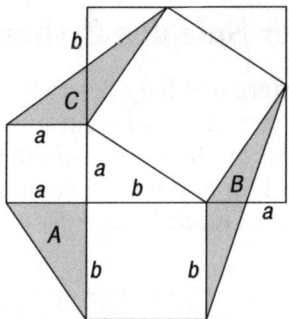

Das ursprüngliche Dreieck, das Dreieck A und das Dreieck C haben jeweils eine Grundseite a und eine Höhe b, und das Dreieck B hat eine Grundseite b und eine Höhe a. Folglich haben alle vier Dreiecke den gleichen Flächeninhalt von $ab/2$.

Quelle: J. Klein in: Walter Lietzmann, Der Pythagoreische Lehrsatz, 6. Aufl., Leipzig 1951, S. 49−50. — Johannes Lehmann schreibt in seinem Buch „Mathematik − von der Pflicht zur Kür" (Leipzig 1987, S. 41), dass J. Klein die Aufgabe 1937 löste.

22. Zwölf Sonntage

Damit die drei Monate insgesamt nur zwölf Sonntage besitzen können, müssen sie kürzer als dreizehn Wochen oder $13 \times 7 = 91$ Tage sein. Alle Monate haben eine Länge von 30 oder 31 Tagen, und unter drei aufeinanderfolgenden Monaten ist immer mindestens einer von 31 Tagen. Die einzige Ausnahme ist der Februar, der nur 28 oder 29 Tage lang ist. Sollen also drei aufeinanderfolgende Monate weniger als 91 Tage haben, so muss der Februar unter ihnen sein.

Quelle: Quantum 8, November−Dezember 1998.

23. Die Dreitafelprojektion

Das Polyeder kann drei verschiedene Formen haben, die aber alle nach dem gleichen Muster aufgebaut sind. Die Grundform ist jeweils ein Würfel.

Bei allen drei Körpern ist aus der Oberseite ein Keil herausgeschnitten, der bis zu der Linie geht, die von der Mitte der Vorderfläche bis zum Mittelpunkt des Würfels verläuft.

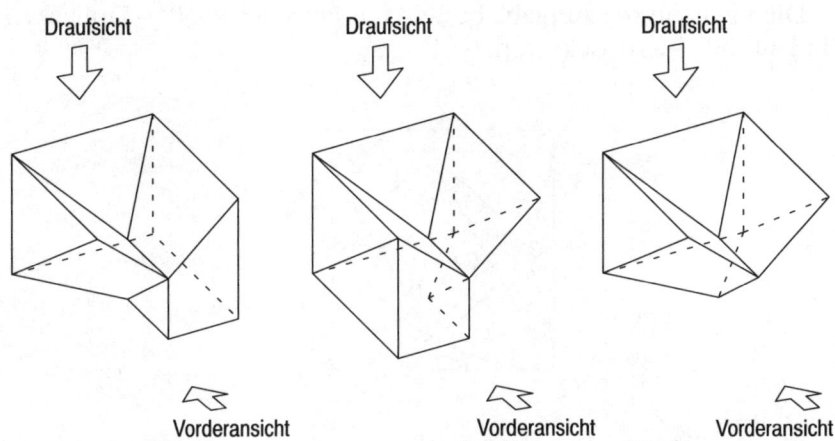

Draufsicht   Draufsicht   Draufsicht

Vorderansicht   Vorderansicht   Vorderansicht

Beim ersten Polyeder fehlt außerdem von der Vorderseite des Würfels die untere linke Ecke. Das zweite Polyeder ist das Spiegelbild des ersten. Beim ihm fehlt also nicht die untere linke, sondern die untere rechte Ecke der Würfelvorderseite. Beim dritten Polyeder fehlen sowohl die linke als auch die rechte untere Ecke der vorderen Würfelfläche.

Quelle: József Szabó, in diesem Buch.

24. Das Bogenviereck

Schlägt man über die Endpunkte einer Strecke der Länge 1 zwei Kreisbögen mit den Radien 1 und verbindet den Schnittpunkt der Bögen mit den Streckenenden, so entsteht ein gleichseitiges Dreieck. Es lässt sich durch seine Höhe in zwei rechtwinklige 30° −Dreiecke unterteilen, die die Seitenlängen 1, $\sqrt{3}/2$ und 1/2 haben.

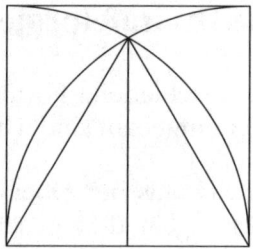

Die Figur aus der Aufgabe besteht nur aus solchen 30° − Dreiecken und aus 30° − Kreissektoren.

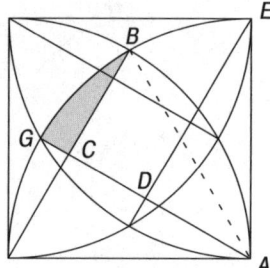

Die Seite CD des kleinen Quadrates im Inneren der Figur hat eine Länge, die gleich der Differenz ist zwischen der Kathete CA des Dreiecks ABC und der Kathede DA des Dreiecks EAD.

$$\overline{CD} = \tfrac{1}{2}\sqrt{3} - \tfrac{1}{2}$$

Der Flächeninhalt F_1 des kleinen Quadrats beträgt folglich

$$F_1 = \left(\tfrac{1}{2}\sqrt{3} - \tfrac{1}{2}\right)^2 = 1 - \tfrac{1}{2}\sqrt{3}\,.$$

Die messerklingenförmige, grau unterlegte Fläche hat einen Inhalt F_2, der gleich der Differenz ist zwischen der Fläche des 30° − Kreissektors ABG und der des Dreiecks ABC. Ein 30° − Kreissektor ist ein Zwölftelkreis und hat deshalb natürlich auch den Flächeninhalt eines Zwöftelkreises. Die Fläche des Dreiecks ergibt nach der Rechenregel „halbe Grundseite mal Höhe" den Wert $\sqrt{3}/8$. Daraus erhält man

$$F_1 = \frac{\pi}{12} - \frac{1}{8}\sqrt{3}\,.$$

Das Bogenviereck setzt sich aus dem kleinen Quadrat und vier Messerklingen zusammen. Seine Fläche F beträgt somit:

$$F = F_1 + 4F_2$$

$$F = 1 - \frac{1}{2}\sqrt{3} + 4\left(\frac{\pi}{12} - \frac{1}{8}\sqrt{3}\right)$$

$$F = 1 + \frac{\pi}{3} - \sqrt{3}$$

$$F \approx 0{,}31515$$

Quelle: Aufgabe: Johannes Lehmann, Mathe mit Pfiff, Leipzig 1975, S. 52, 110. — Lösung: Arnold Kirsch, in diesem Buch. — Lehmann gibt in seinem Buch auch eine Lösung für dieses Problem an, die allerdings komplizierter ist als die von Kirsch.

25. Der Lügner

Hätte Epimenides am ersten Tag die Wahrheit gesagt, würde er montags und dienstags lügen. Hätte er allerdings gelogen, so würde er entweder montags oder dienstags die Wahrheit sagen.

Epimenides' Aussage vom dritten Tag ist genauso aufgebaut. Hätte er am dritten Tag die Wahrheit gesagt, würde er mittwochs und freitags lügen, und hätte er gelogen, würde er entweder mittwochs oder freitags die Wahrheit sagen.

An beiden Tagen kann er nicht die Wahrheit gesagt haben, da er nur an einem Tag pro Woche nicht lügt. Er kann allerdings auch nicht an beiden Tagen gelogen haben, denn das bedeutet, dass er montags oder dienstags und mittwochs oder freitags die Wahrheit sagt. Folglich hat er an einem der beiden Tage gelogen und am anderen die Wahrheit gesagt. Das heißt, er sagt entweder montags, dienstags, mittwochs oder freitags die Wahrheit.

Da er am ersten oder dritten Tag die Wahrheit sagte, hat er am zweiten Tag gelogen. Der zweite Tag ist also weder ein Donnerstag, noch ein Samstag, noch ein Sonntag.

Angenommen, er sagt mittwochs oder freitags die Wahrheit, dann muss der erste Tag ein Mittwoch bzw. ein Freitag und folglich der zweite ein Donnerstag oder ein Samstag sein. Dies ist aber nicht möglich. Also sagt er mittwochs und freitags nicht die Wahrheit.

Sagt er montags oder dienstags die Wahrheit, so ist der dritte Tag ein Montag oder Dienstag und der zweite Tag somit ein Sonntag bzw. ein Montag. Der Sonntag scheidet aus. Folglich sagt Epimenides an Dienstagen die Wahrheit.

Quelle: David Chew, Internet, www.serve.com/davidchew/cgi−bin/iqman/iqman. cgi?, ca. 2000.

26. Leiter und Kiste

Wir bezeichnen die Länge der Leiter mit l und die Kantenlänge der Kiste mit w. Die Leiter berührt in den Abständen x und y von der Unterkante des Hauses den Boden bzw. die Wand.

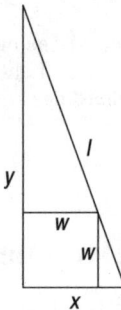

Mit dem Satz des Pythagoras erhält man

$$x^2 + y^2 = l^2$$

oder, indem man die Gleichung ein wenig umstellt,

$$(x + y)^2 - 2xy = l^2 \,.$$

Nun definieren wir die Hilfsvariable $z = x + y$. Damit lässt sich die obige Gleichung vereinfachen.

$$z^2 - 2xy = l^2$$

Die beiden Dreiecke in der Skizze sind ähnlich. Darum gilt

$$\frac{x - w}{w} = \frac{w}{y - w} \,.$$

Die Gleichung kann zu

$$xy = wz$$

umgeformt werden. Dies setzt man in die obige Beziehung ein.

$$z^2 - 2wz = l^2$$

Diese quadratische Gleichung hat die beiden Lösungen

$$z = w \pm \sqrt{w^2 + l^2} \,.$$

Da der Wurzelausdruck größer ist als w, erhält man eine negative und eine positive Lösung für z. Weil aber x und y positive Zahlen sind, kann auch z nur positiv sein. Folglich scheidet die negative Lösung aus.

$$z = w + \sqrt{w^2 + l^2}$$

Setzt man für die Würfelkante w und die Leiterlänge l die Werte 2 m und 8 m ein, erhält man $z \approx 10{,}246$ m.

Nun stellt man die Gleichungen $xy = wz$ und $z = x + y$ nach x um und setzt sie gleich.

$$\frac{wz}{y} = z - y$$

Diesen Ausdruck löst man nach y auf und erhält dadurch die quadratische Gleichung

$$y^2 - zy + wz = 0\,.$$

Sie hat die Lösungen

$$y = \frac{z}{2} \pm \sqrt{\left(\frac{z}{2}\right)^2 - wz}\,.$$

Setzt man die Zahlenwerte für w und z ein, ergibt sich $y \approx 7{,}522$ m oder $y \approx 2{,}724$ m.

Die dazugehörigen x−Werte erhält man dann über die Gleichung $z = x + y$ zu

$$x = \frac{z}{2} \mp \sqrt{\left(\frac{z}{2}\right)^2 - wz}\,.$$

Dies ergibt $x \approx 2{,}724$ m oder $x \approx 7{,}522$ m.

Die Leiter berührt also entweder 7,522 m oder 2,724 m über dem Boden die Hauswand.

Quelle: Thomas Simpson, A Treatise of Algebra, London 1745, S. 250.

27. Die nächste Zahl

1. Möglichkeit: Die Zahlen 3, 4, 5, 6, 7, 8 usw. stehen in ihrer natürlichen Reihenfolge und sind jeweils durch eine 1 getrennt.

3, 1, 4, 1, 5, 1, 6, 1, 7, 1, 8, ...

2. Möglichkeit: Es handelt sich um die Ziffern der Kreiszahl π in Dezimalschreibweise.

3, 1, 4, 1, 5, 9, 2, 6, 5, 3, 5, ...

3. Möglichkeit: Es handelt sich um die Ziffern des Ausdrucks

$$\sqrt[9]{10 \cdot e^8}\,.$$

Dabei bedeutet e die Eulersche Zahl.

3, 1, 4, 1, 5, 9, 8, 2, 8, 0, 6, ...

Quelle: Aufgabe und 1. und 2. Möglichkeit: David Chew, Internet, www.serve.com/davidchew/cgi−bin/iqchat/iqchattable.cgi, IQPuzzle−0002, 1999. — 3. Möglichkeit: Michele Fanelli in: David Wells, The Penguin Dictionary of Curious and Interesting Numbers, verbesserte Aufl., London 1997, S. 28. Fanelli gibt den Ausdruck nicht als Lösung von Chews Rätsel an, sondern als Näherung für π.

28. Der F—Test

Haben Sie fünf „F" gefunden? Dann haben Sie sehr sorgfältig gezählt, denn es sind tatsächlich so viele. Die meisten Menschen allerdings entdecken nur die drei „F", die in den Wörtern „FEDERAL",
„FUSES" und „SCIENTIFIC" vorkommen und übersehen die „F" in
den beiden „OF".

Quelle: R. L. Goodwin in: E. Haldeman—Julius, Problems, Puzzles and Brain—teasers, Girard 1937, S. 18—19.

29. Der längste Monat

Der Oktober ist in Deutschland der längste Monat des Jahres.

Die Monate Januar, März, Mai, Juli, August, Oktober und Dezember haben einunddreißig Tage. Fünf dieser Monate sind $31 \times 24 = 744$
Stunden lang. Nur der März dauert 743 Stunden, denn in jedem Jahr
an seinem letzten Wochenende beim Umstellen von der Winter- auf
die Sommerzeit fällt eine Stunde aus, die am letzten Oktoberwochen-
ende beim Umstellen von der Sommer- auf die Winterzeit wieder zusätzlich eingefügt wird. Deshalb hat der Oktober 745 Stunden.

Quelle: CUS (Pseudonym), Westdeutscher Rundfunk, Fernsehsendung „esc@pe —
die nacht im netz", 31. März 1998.

30. Seltsame Zahlen

Die römischen Zahlen IV, IX, XL, ... erhöhen ihren Wert, wenn man
die erste Ziffer fortnimmt.

Quelle: Ignaz Bernhard Montag, Die Wunder der Arithmetik, Leipzig 1851, S. 2.

31. Rand- und Mittelfelder

So überraschend es auch klingen mag, aber die Frage lässt sich nicht
beantworten. Die Antwort hängt nämlich davon ab, was man unter einem Rand- und unter einem Mittelfeld versteht.

Definiert man als Randfeld ein Feld, das den Umfang des Quadrats
berührt, und als Mittelfeld ein Feld, das den Umfang des Quadrats
nicht berührt, dann ist das Feld des 1×1—Quadrats ein Randfeld.

Man kann sich jedoch auch die Randfelder eines $n \times n$—Quadrats als vier $1 \times (n-1)$—Rechtecke vorstellen, die so, wie es die Skizze zeigt, in dem Quadrat liegen. Die Anzahl r der Randfelder beträgt dann

$$r = 4(n-1)$$

und die der Mittelfelder m

$$m = n^2 - r = n^2 - 4(n-1) = (n-2)^2.$$

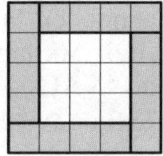

Setzt man nun für n den Wert 1 ein, erhält man $r = 0$ und $m = 1$. Das Feld des 1×1—Quadrats ist somit ein Mittelfeld.

Quelle: Aufgabe und 2. Lösungsvariante: Wilhelm Fickert, Kürübungen zum Denken, Göttingen 1982, S. 83, 206. — 1. Lösungsvariante: Arnold Kirsch, in diesem Buch. — Fickert gibt in seinem Buch die 2. Lösungsvariante als eindeutige Lösung an. Erst Kirsch weist darauf hin, dass die Antwort von der Definition der Randfelder abhängt.

32. Das Wettrennen

Kastor gewinnt auch dieses Mal. Im ersten Wettrennen lief er 1000 Meter in der Zeit, in der Pollux 950 Meter lief. Das ist auch im zweiten Rennen so. Das heißt, die Linie, die 50 Meter vor dem Ziel liegt, erreichen beide gleichzeitig, denn dort hat Kastor 1000 Meter und Pollux 950 Meter zurückgelegt. Die letzten 50 Meter schafft Kastor eher als Pollux, denn er ist ja der schnellere Läufer der beiden.

Quelle: Aufgabe: Martin Gardner, Games 2, Januar—Februar 1978, S. 16. — Lösung: Martin Gardner, Games 2, März—April 1978, S. 60.

33. Ciceros Tod und Ovids Geburt

Ein Jahr 0 gibt es nicht. Die Zählung der Jahre beginnt mit dem Jahr 1 nach Christi Geburt, und das Jahr davor ist das Jahr 1 vor Christi Geburt. Auf den 31. Dezember 1 vor Christus folgt also direkt der 1. Januar 1 nach Christus.

Zwischen einem bestimmten Datum des Jahres m vor Christus und dem gleichen Datum des Jahres n nach Christus liegen deshalb nicht $m + n$, sondern nur $\Delta = m + n - 1$ Jahre. Oder anders ausgedrückt: Ein Ereignis, das im Jahre m vor Christus stattfand, jährt sich zum Δ –sten Male im Jahre $n = \Delta + 1 - m$ nach Christus. (Natürlich nur, wenn $\Delta \geq m$ ist.)

Folglich haben sich Ciceros Tod und Ovids Geburt nicht schon 1957, sondern erst 1958 zum zweitausendsten Mal gejährt.

Die italienische Post hatte übrigens im letzten Jahrhundert auch Probleme mit dem nicht vorhandenen Jahr 0. Sie gab 1957 zwei Gedenkbriefmarken heraus mit den Aufschriften „Bimillenario Ovidio 43 AC – 1957" und „Cicerone 43 AC – 1957".

Quelle: Wilhelm Fickert, Kürübungen zum Denken, Göttingen 1982, S. 28, 124.

34. Die Quadratur des Sechsecks

Das Sechseck muss entlang einer Zickzacklinie zerschnitten werden.

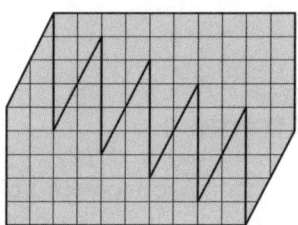 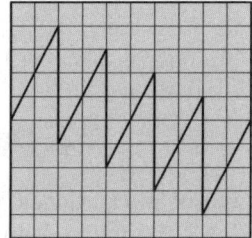

Quelle: Aufgabe: Henry Ernest Dudeney, The Weekly Dispatch, 3. Dezember 1899.
— Lösung: Henry Ernest Dudeney, The Weekly Dispatch, 17. Dezember 1899.

35. Das Pentagramm

Angenommen, die Aufgabe sei lösbar, dann würde in jeder der fünf Reihen die Summe der vier Felder ungerade sein. Zählt man diese fünf Reihensummen zusammen, erhält man auch wieder eine ungerade Zahl N, denn die Summe von fünf ungeraden Zahlen ist immer ungerade. Da jedes Feld des Pentagramms zu zwei Reihen gehört, ist N das Doppelte der Summe M der Zahlen auf den Feldern.

$$N = 2M$$

Weil aber $N = 2M$ eine gerade Zahl ist, gibt es keine Lösung für das Problem.

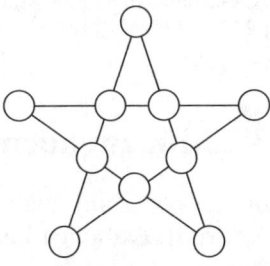

Quelle: A. Domashenko in: Quantum Quandaries, Arlington 1996, Problem Nr. 86.
— In diesem Buch sind Aufgaben zusammengefasst, die zwischen 1990 und 1996 in der Zeitschrift „Quantum" veröffentlicht wurden. Wann das Pentagrammproblem dort erschien, habe ich nicht feststellen können.

36. Pferde, Kühe und Hühner

Bezeichnet man die Anzahlen der Pferde, Kühe und Hühner mit p, k und h, so muss man folgende Gleichung lösen:

$$k(k + p) = 120 + h$$

Angenommen, h wäre die einzige gerade Primzahl 2. Damit hätte die rechte Seite der Gleichung den Wert 122. Die einzige Möglichkeit, 122 in zwei Faktoren, die größer als 1 sind, zu zerlegen, ist $122 = 2 \cdot 61$. Folglich müsste dann $k = 2$ sein, was aber unmöglich ist, da k und h verschieden sind.

Das bedeutet, h und die rechte Seite der Gleichung sind ungerade. Da das Produkt aus zwei Zahlen nur dann ungerade ist, wenn die beiden Zahlen auch ungerade sind, müssen k und $k + p$ ungerade sein. Dies ist aber nur möglich, wenn p gerade ist. Folglich muss $p = 2$ sein.

Damit vereinfacht sich die Gleichung zu

$$k(k + 2) = 120 + h$$

oder

$$k^2 + 2k - 120 = h.$$

Die linke Seite der Gleichung hat die beiden Nullstellen -12 und 10. Deshalb kann man sie auch in folgender Form schreiben:

$$(k + 12)(k - 10) = h$$

Da h eine Primzahl ist, muss der kleinere der beiden Faktoren den Wert 1 haben. Folglich ist $k = 11$. Setzt man dies wieder in die Gleichung ein, erhält man $h = 23$.

Der Bauer besitzt also zwei Pferde, elf Kühe und dreiundzwanzig Hühner.

Quelle: Roger Salmon in: L. A. Graham, Ingenious Mathematical Problems and Methods, New York 1959, S. 27, 236−237.

37. Münzwenden

Pro Schritt werden i Münzen von Zahl nach Wappen und j Münzen von Wappen nach Zahl gedreht. Dabei ist laut Voraussetzung

$$i + j = n - 1 \,.$$

Durch einen Schritt wird außerdem die Anzahl der Münzen, die Zahl zeigen, gleichzeitig um i verringert und um j erhöht, also insgesamt um $j - i$ vergrößert, wobei dies auch ein negativer Wert sein kann.

Löst man die erste Gleichung nach i auf und setzt sie in $j - i$ ein, erhält man

$$j - i = n - 1 - 2i \,.$$

Falls n eine ungerade Zahl, ändert sich also die Anzahl der Münzen, die Zahl zeigen, bei jedem Schritt um eine gerade Zahl. Folglich bleibt diese Anzahl stets ungerade und kann deshalb auch niemals null werden.

Quelle: E. P. Starke in: Charles W. Trigg, Mathematical Quickies, New York 1967, S. 8, 85−86. — Der hier dargestellte Lösungsweg stammt von Helmut Postl. Starke ist einen etwas anderen Lösungsweg gegangen.

38. Das Zahlendreieck

Werden drei Zahlen addiert, so ist das Ergebnis gerade, wenn entweder nur eine Zahl gerade ist oder wenn alle drei Zahlen gerade sind. Da für dieses Problem nur wichtig ist, ob eine Zahl gerade oder ungerade ist, ersetzen wir in dem Dreieck die Zahlen durch die Symbole „g" und „u" für „gerade" und „ungerade".

```
            u
          u   u
        u   g   u   g   u
      u   u   g   u   g   u   u
    u   g   g   g   u   g   g   u
              ⋮
```

Die Werte der vier ersten Zahlen einer jeden Zeile hängen nur von den Werten der vier ersten Zahlen der darüberstehenden Zeile ab. Wenn wir jeweils die vier ersten Symbole jeder Zeile ab der dritten berechnen, stellen wir fest, dass diese in der dritten und siebten gleich sind. Das bedeutet, alle Zeilenanfänge wiederholen sich jeweils nach vier Zeilen.

3. Zeile:				u	g	u	g	...
4. Zeile:			u	u	g	u	...	
5. Zeile:			u	g	g	g	...	
6. Zeile:		u	u	u	g	...		
7. Zeile:	u	g	u	g	...			

Da unter den ersten vier Symbolen jeder Zeile ein „g" vorkommt, enthält jede Zeile ab der dritten mindestens eine gerade Zahl.

Quelle: D. O. Shklarsky, N. N. Chentzov und I. M. Yaglom, The USSR Olympiad Problem Book, San Francisco 1962, S. 8–9, 96.

39. Ein sich selbst beschreibender Satz

Um nicht völlig blind nach möglichen Lösungen des sich selbst beschreibenden Satzes tasten zu müssen, versuchen wir, den Bereich der in Frage kommenden Zahlen möglichst weit einzuschränken.

Wir bezeichnen die in die Lücken zu setzenden Zahlen als Anzahlen m_0 bis m_9 und die Gesamtzahl der Ziffern des Satzes als Ziffernzahl N.

Wenn alle Anzahlen höchstens n-stellig sind, so liegt die Ziffernzahl zwischen 20 und $10(n + 1)$.

$$20 \leq N \leq 10(n + 1)$$

Hat eine der Anzahlen n Stellen, bedeutet dies, dass eine der Ziffern mindestens 10^{n-1}-mal im Satz vorkommt. Also muss für N gelten:

$$N > 10^{n-1}$$

Diese beiden Ungleichungen sind nur dann gleichzeitig erfüllbar, wenn $n \leq 2$ ist. Folglich haben alle Anzahlen höchstens zwei Stellen, und die Maximalzahl für N ist 30.

Die Summe der Anzahlen ergibt die Gesamtzahl der Ziffern des Satzes.

$$\sum_{i=0}^{9} m_i = N \leq 30$$

Jedes m_i ist mindestens 1, da schon allein im ursprünglichen Satz alle Ziffern einmal vorkommen. Deshalb können von den m_i höchstens zwei zweistellig sein, damit N nicht größer als 30 wird. Außerdem ist N auch gleich der Anzahl aller Ziffern der m_i plus der Anzahl der Ziffern in dem ursprünglichen Satz, also plus 10. Da nun höchstens zwei der m_i zweistellig und die übrigen einstellig sind, haben die m_i zusammen maximal zwölf Ziffern.

$$N \leq 12 + 10 = 22$$

Wären genau zwei der m_i zweistellig, so betrüge die Summe der m_i, die ja gleich N ist, mindestens 28, und das steht im Widerspruch zu $N \leq 22$. Wäre nun ein m_i gleich oder größer als 20, so betrüge N mindestens 29, und auch das kann nicht sein. Folglich bleiben nur noch zwei Möglichkeiten übrig: Entweder sind alle m_i einstellig, oder nur ein m_i ist zweistellig, aber kleiner als 20.

Betrachten wir zunächst nur die erste Möglichkeit. Alle m_i sind einstellig, deshalb kann in ihnen keine 0 vorkommen. Die einzige 0 ist die des ursprünglichen Satzes. Folglich ist $m_0 = 1$.

Die Summe S aller Ziffern des Satzes beträgt einerseits wegen der Addition aller vorkommenden Ziffern

$$S = \sum_{i=0}^{9} m_i + 45$$

und andererseits wegen der Beschreibung, die der Satz über die einzelnen Ziffern gibt,

$$S = \sum_{i=0}^{9} i \cdot m_i \,.$$

Diese beiden Gleichungen kann man gleichsetzen.

$$\sum_{i=0}^{9} i \cdot m_i = \sum_{i=0}^{9} m_i + 45$$

Zieht man die beiden ersten Terme aus den Summen heraus, erhält man:

$$0 \cdot m_0 + 1 \cdot m_1 + \sum_{i=2}^{9} i \cdot m_i = m_0 + m_1 + \sum_{i=2}^{9} m_i + 45$$

Mit $m_0 = 1$ lässt sich die Gleichung noch erheblich weiter vereinfachen.

$$\sum_{i=2}^{9} i \cdot m_i = \sum_{i=2}^{9} m_i + 46$$

$$\sum_{i=2}^{9} (i - 1)m_i = 46 \,.$$

Da jedes m_i mindestens 1 ist, hat $m_i - 1$ nie einen negativen Wert. Setzt man dies in die Gleichung ein, erhält man

$$\sum_{i=2}^{9} (i - 1)(m_i - 1) = 10$$

Das bedeutet, für $i = 2$ bis 9 muss $(i - 1)(m_i - 1)$ kleiner oder gleich 10 sein. Daraus ergibt sich:

$m_1 \leqslant 9$	$m_4 \leqslant 4$	$m_7 \leqslant 2$
$m_2 \leqslant 9$	$m_5 \leqslant 3$	$m_8 \leqslant 2$
$m_3 \leqslant 6$	$m_6 \leqslant 3$	$m_9 \leqslant 2$

Der Zahlenbereich für die zehn Anzahlen ist jetzt so stark eingeschränkt, dass es nicht mehr allzu aufwändig ist, ihn systematisch nach Lösungen zu durchsuchen.

Es gibt nur eine Lösung und sie lautet:

„Dieser Satz enthält 1−mal die Ziffer 0, 7−mal die Ziffer 1, 3−mal die Ziffer 2, 2−mal die Ziffer 3, 1−mal die Ziffer 4, 1−mal die Ziffer 5, 1−mal die Ziffer 6, 2−mal die Ziffer 7, 1−mal die Ziffer 8 und 1−mal die Ziffer 9.“

Jetzt müssen wir noch die Möglichkeit untersuchen, dass ein m_i zweistellig, aber kleiner als 20 ist.

Die Ziffernsumme der m_i ist gleich der Summe aller m_i, jedoch mit einer Ausnahme: Bei dem zweistelligen m_i ist die Zehnerstelle eine 1. Darum beträgt die Ziffernsumme dieses m_i genau $m_i - 9$. Folglich beträgt S des gesamten Satzes

$$S = \sum_{i=0}^{9} m_i - 9 + 45 \,.$$

Andererseits gilt auch hier wieder wegen der Beschreibung, die der Satz über die einzelnen Ziffern macht,

$$S = \sum_{i=0}^{9} i \cdot m_i \,.$$

Das Gleichsetzen der beiden Ausdrücke für S und anschließende Umformen ergibt

$$\sum_{i=2}^{9}(i-1)m_i = 36 + m_0 .$$

Da auch in diesem Fall alle m_i mindestens 1 sind, kann die Gleichung umformen zu

$$\sum_{i=2}^{9}(i-1)\bigl(m_i - 1\bigr) = m_0 .$$

Da nur ein m_i zweistellig ist, muss $m_0 \leq 2$ sein. Setzt man dies in die Gleichung, so folgt daraus:

$m_0 \leq 2$	$m_4 = 1$	$m_7 = 1$
$m_2 \leq 3$	$m_5 = 1$	$m_8 = 1$
$m_3 \leq 2$	$m_6 = 1$	$m_9 = 1$

Das zweiziffrige m_i muss also m_1 sein.

Nun kann die Lösung leicht finden.

„Dieser Satz enthält 1−mal die Ziffer 0, 11−mal die Ziffer 1, 2−mal die Ziffer 2, 1−mal die Ziffer 3, 1−mal die Ziffer 4, 1−mal die Ziffer 5, 1−mal die Ziffer 6, 1−mal die Ziffer 7, 1−mal die Ziffer 8 und 1−mal die Ziffer 9."

Quelle: Aufgabe: Raphael Robinson in: Douglas R. Hofstadter, Scientific American 246, Januar 1982, S. 12−13. — Lösung: Die Lösungen werden in Hofstadters Artikel und in seinen Folgeartikeln nicht angegeben. Wo sie zum ersten Mal veröffentlicht worden sind, ist mir unbekannt.

40. Das Kugelspiel

Die beste Chance, dass Berta eine schwarze Kugel zieht, hat Alfred, wenn er beim Verteilen der Kugeln in eine Schachtel eine einzelne schwarze Kugel legt und die restlichen neunzehn Kugeln in die zweite Schachtel packt.

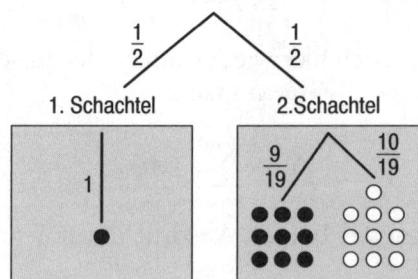

Die Wahrscheinlichkeit, dass Berta die Schachtel mit der einzelnen Kugel wählt, ist 1/2, und die Wahrscheinlichkeit, dass sie aus ihr eine schwarze Kugel zieht, ist dann natürlich 1.

Nimmt sie die andere Schachtel — die Wahrscheinlichkeit dafür ist auch 1/2 —, so ist die Wahrscheinlichkeit, dass sie daraus eine schwarze Kugel zieht, immer noch 9/19.

Die Wahrscheinlichkeit, dass Berta die zweite Schachtel wählt und daraus eine schwarze Kugel zieht, ist das Produkt der beiden Einzelwahrscheinlichkeiten, also $1/2 \cdot 9/19 = 9/38$. Die Summe der Wahrscheinlichkeiten für das Ziehen der schwarzen Kugel aus der ersten Schachtel und einer aus der zweiten Schachtel,

$$\frac{1}{2} \cdot 1 + \frac{1}{2} \cdot \frac{9}{19} = \frac{14}{19} \approx 0{,}74 \, ,$$

drückt die Gesamtwahrscheinlichkeit für das Ziehen einer schwarzen Kugel aus.

Verteilt Alfred die zwanzig Kugeln also in dieser Weise auf die beiden Schachteln, so sind seine Gewinnchancen etwa 74 Prozent.

Nun muss noch bewiesen werden, dass die von Alfred gewählte Aufteilung auch tatsächlich die beste ist.

Falls Alfred alle Kugeln in eine Schachtel legt, so wählt Berta mit fünfzigprozentiger Wahrscheinlichkeit diese Schachtel und nimmt daraus mit auch fünfzigprozentiger Wahrscheinlichkeit eine schwarze Kugel. Insgesamt beträgt für diese Kugelverteilung Alfred Gewinnchance nur $1/2 \cdot 1/2 = 1/4$.

Nun müssen auch noch die anderen Verteilungen untersucht werden. In eine der beiden Schachteln legt Alfred n_1 Kugeln, von denen w_1 weiß sind und in die andere n_2 Kugeln, von denen w_2 weiß sind. Dabei sind die Bezeichnungen so gewählt worden, dass $n_2 \geq n_1 \geq 1$ ist. Für die Summe aller Kugeln und die der weißen Kugeln gilt natürlich $n_1 + n_2 = 20$ und $w_1 + w_2 = 10$.

Die Wahrscheinlichkeit P, dass Berta eine schwarze Kugel zieht, beträgt somit:

$$P = \frac{1}{2} \cdot \frac{n_1 - w_1}{n_1} + \frac{1}{2} \cdot \frac{n_2 - w_2}{n_2}$$

$$P = 1 - \frac{1}{2}\left(\frac{w_1}{n_1} + \frac{w_2}{n_2}\right)$$

Weil $n_2 \geq n_1$ ist, kann man dafür

$$P \leq 1 - \frac{1}{2}\left(\frac{w_1}{n_2} + \frac{w_2}{n_2}\right)$$

als Obergrenze finden.

Nach einigen Umformungen wird daraus

$$P \leq 1 - \frac{5}{n_2}.$$

Dabei darf n_2 höchstens 19 sein.

$$P \leq 1 - \frac{5}{19} = \frac{14}{19}$$

Die Wahrscheinlichkeit, dass Berta eine schwarze Kugel zieht, kann also nicht größer als 14/19 werden. Folglich ist Alfreds Aufteilung optimal.

Quelle: Aufgabe: Martin Gardner, Scientific American 210, Juni 1964, S. 116. — Lösung: Martin Gardner, Scientific American 211, Juli 1964, S. 114, 116. — Beweis, dass 14/19 tatsächlich das Optimum ist: Helmut Postl, in diesem Buch.

41. Suchbilder

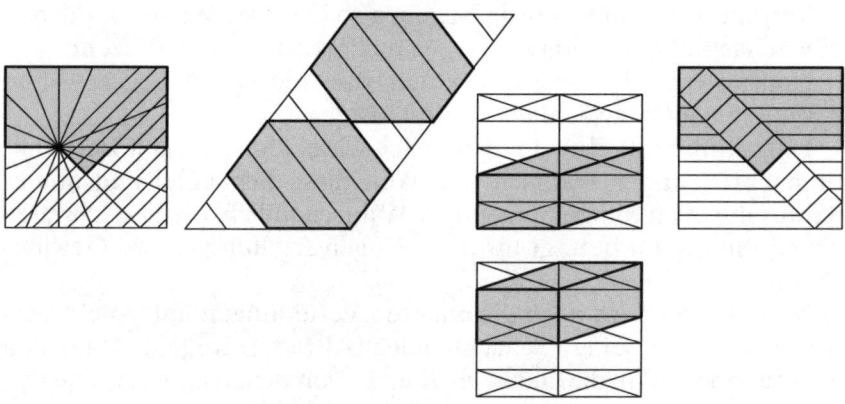

Die beiden Figuren im dritten Muster überlappen sich gegenseitig. Deshalb ist der Deutlichkeit halber dieses hier doppelt gezeichnet worden.

Quelle: Aufgabe: Edi Lanners, Illusionen, München 1973, S. 115. — Eine Lösung ist in Lanners' Buch nicht angegeben.

42. Die Halbierung

Es gibt nur eine einzige Möglichkeit, die Figur in zwei deckungsgleiche Teile zu zerschneiden.

Wenn man sich überlegt, dass beide Teile in ihrem Umfang einen konvexen und einen konkaven Halbkreis besitzen müssen, ist die Schnittlinie leicht zu finden.

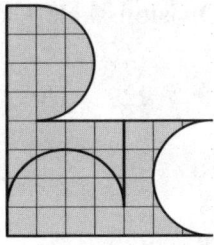

Quelle: Aufgabe: Martin Gardner, Scientific American 237, Juli 1977, S. 132, 133. —
Lösung: Martin Gardner, Scientific American 237, August 1977, S. 122, 124.

43. Eine zweite Halbierung

Die Halbierung in zwei deckungsgleiche Hälften ist nur auf eine einzige Weise möglich.

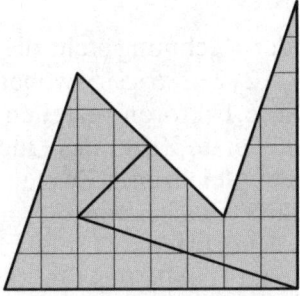

Quelle: Pierre Berloquin, 100 Jeux Géométriques, Paris 1973, Aufgabe 65.

44. Ein Divisionsskelett

Einige Fragezeichen, die für Nullen stehen müssen, sind mühelos zu identifizieren.

```
?????? : ??? = ????,????
???
 ???
 ???
  ???
  ???
   ???
   ???
    ????
    ????
```

Dadurch füllt sich das Divisionsskelett schon ein wenig.

$$?????? \ : \ ??? \ = \ ?0??,?00?$$
$$
\begin{array}{l}
\underline{???} \\
\ \ \underline{???} \\
\ \ \underline{???} \\
\ \ \ \ \underline{???} \\
\ \ \ \ ??0 \\
\ \ \ \ \underline{???} \\
\ \ \ \ \ \ ?000 \\
\ \ \ \ \ \ \underline{?000}
\end{array}
$$

Der dreistellige Divisor darf nicht auf 0 enden, denn dann wäre die letzte Ziffer der drittletzten Zeile eine 0, und die Zahlen der vorletzten und letzten Zeile würden mit 0 beginnen. Führende Nullen treten jedoch nicht auf.

In der letzten Zeile der Rechnung steht die Zahl ?000. Sie ist das Produkt aus $? \cdot 1000 = ? \cdot 2 \cdot 2 \cdot 2 \cdot 5 \cdot 5 \cdot 5$, wobei ? eine der Ziffern von 1 bis 9 symbolisiert. Diese Faktoren verteilen sich auf den dreistelligen Divisor ??? und die letzte Ziffer des Quotienten.

Der Divisor kann nicht gleichzeitig Zweien und Fünfen als Teiler enthalten, da er sonst ein Vielfaches von $2 \cdot 5 = 10$ wäre und auf 0 enden würde. Da $? \cdot 2 \cdot 2 \cdot 2$ höchstens 72 sein kann, muss der Divisor $? \cdot 5 \cdot 5 \cdot 5$ sein und die letzte Stelle des Quotienten $2 \cdot 2 \cdot 2 = 8$. Die Endziffer des Divisors ist also 5.

Dies hat zur Folge, dass auch die letzte Ziffer der drittletzten Zeile und die jeweils erste Ziffer der beiden letzten Zeilen 5 sein müssen. Aus der letzten Zeile und der Endziffer des Quotienten erhält man den Divisor: $5000 : 8 = 625$.

Nun hat das Divisonsskelett folgende Form:

$$?????? \ : \ 625 \ = \ ?0??,?008$$
$$
\begin{array}{l}
\underline{???} \\
\ \ \underline{???} \\
\ \ \underline{???} \\
\ \ \ \ \underline{???} \\
\ \ \ \ \underline{???} \\
\ \ \ \ ??0 \\
\ \ \ \ \underline{??5} \\
\ \ \ \ \ \ 5000 \\
\ \ \ \ \ \ \underline{5000}
\end{array}
$$

Der Rest ist einfach. Das einzige dreistellige Vielfache von 625 ist 1 · 625. Folglich können die zweite, vierte, sechste und achte Zeile nur jeweils 625 bedeuten. Der Quotient ist also 1011,108 und damit der Dividend 625 · 1011,108 = 631938.

Die vollständig rekonstruierte Rechnung hat folgende Form:

$$631938 : 625 = 1011,1008$$

$$
\begin{array}{r}
\underline{625} \\
693 \\
\underline{625} \\
688 \\
\underline{625} \\
630 \\
\underline{625} \\
5000 \\
\underline{5000}
\end{array}
$$

Quelle: A. Corrigan in: Henry Ernest Dudeney, The Strand Magazine 65, 1923, S. 311–312, 405, 538.

45. Die Parole

Der Portier will von den Ankömmlingen die Anzahl der Buchstaben wissen, die das Zahlwort hat, das er ihnen nennt. Dr. Watson hätte also mit „Acht" antworten müssen, um in den Logikerclub gelassen zu werden.

Quelle: Aufgabe: Michael Winckler, MARP−Rätselarchiv, Puzzle Nr. 31, www.iwr.uni−heidelberg.de/~Michael.Winckler/PU/p031.html, 1997. — Lösung: Neeraj Bankar in: Michael Winckler, MARP−Rätselarchiv, Puzzle Nr. 31, www.iwr.uni−heidelberg.de/~Michael.Winckler/PU/s031.html, 1997. — MARP ist ein von Michael Winckler vom IWR der Universität Heidelberg betreutes Archiv für Puzzle und Rätsel und über das Internet zugänglich.

46. Die Sternfläche

Die beiden Dreiecke *I* und *II* bilden zusammen ein Viereck, bei dem die sich gegenüber liegenden Seiten paarweise parallel sind. Folglich ist das Viereck ein Parallelogramm. Die Diagonalen eines Parallelogramms halbieren die Figur, deshalb sind die Dreiecke *I* und *II* genau gleich groß.

Die graue Fläche des Sterns setzt sich folglich, genau wie der Rest seiner Fläche, aus drei Dreiecken *II* und einem Dreieck *III* zusammen. Die graue Fläche nimmt also exakt die Hälfte des Sterns ein.

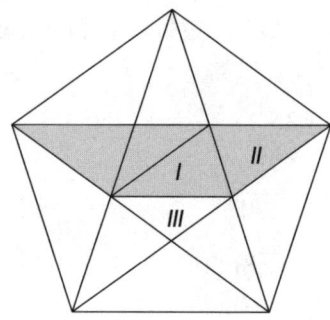

Quelle: N. Arilov in: Quantum Quandaries, Arlington 1996, Problem Nr. 48. — In diesem Buch sind Aufgaben zusammengefasst, die zwischen 1990 und 1996 in der Zeitschrift „Quantum" veröffentlicht wurden. Wann das Sternflächenproblem dort erschien, habe ich nicht feststellen können.

47. Der numerologische Wert

Im Deutschen gibt es genau zwei Zahlen, die gleich ihrem numerologischen Wert sind.

$$N(205) = N(\text{zweihundertfuenf}) = 205$$
$$N(207) = N(\text{zweihundertsieben}) = 207$$

Die Lösung dieses Rätsels ist sprachabhängig. In anderen Sprachen gibt es auch andere Lösungen. Im Französischen gibt es die drei folgenden Lösungen:

$$N(222) = N(\text{deux cent vingt}-\text{deux}) = 222$$
$$N(232) = N(\text{deux cent trente}-\text{deux}) = 232$$
$$N(258) = N(\text{deux cent cinquante}-\text{huit}) = 258$$

Im Holländischen gibt es keine Zahlen, die gleich ihrem numerologischen Wert sind.

Im Englischen sind es wiederum zwei.

$$N(251) = N(\text{two hundred and fifty}-\text{one}) = 251$$
$$N(259) = N(\text{two hundred and fifty}-\text{nine}) = 259$$

Quelle: Heinrich Hemme, in diesem Buch.

48. Das Labyrinth

Geht man durch das Labyrinth, so haben die auf dem Boden gemalten Zahlen je nachdem, aus welcher Richtung kommend man sie überschreitet, eine verschiedene Bedeutung. Auf dem eingezeichneten Weg erhält man 16 + 18 + 66 = 100.

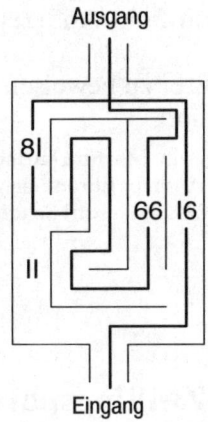

Quelle: Steve Ryan, Mystifying Math Puzzles, New York 1996, S. 4, 82.

49. Acht Quadrate mit gemeinsamen Ecken

Die Skizze zeigt die Lösung. Vier Quadrate liegen parallel zu den Buchkanten, und vier Quadrate sind um einen beliebigen, aber festen Winkel zwischen 0° und 90° dazu verdreht.

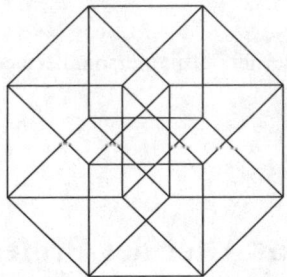

Richard J. Laver, der Erfinder dieser Aufgabe, stellte sie ursprünglich etwas anders: Wie viele gleiche Quadrate braucht man mindestens, damit man sie so auf einer ebenen Fläche anordnen kann, dass jede Ecke jedes Quadrates mit einer Ecke eines anderen Quadrates zusammenfällt? Die Quadrate dürfen sich überlappen, nur darf kein Quadrat genau mit einem anderen zusammenfallen. Sein Kollege Jan Mycielski fand eine Lösung mit 256 Quadraten, kurz darauf konnte ein anderer Kollege die Lösung auf vierzig Quadrate verbessern und noch etwas später zwei weitere Kollegen unabhängig voneinander auf zwölf Quadrate. Schließlich fand Andrzej Ehrenfeucht die Acht−Quadrate−Lösung.

1982 gelang es Karl Scherer zu beweisen, dass acht Quadrate auch tatsächlich das Minimum sind.

Quelle: Aufgabe: Richard J. Laver in: Martin Gardner, Scientific American 238, Februar 1978, S. 22, 24. — Lösung: Andrzej Ehrenfeucht in: Martin Gardner, Scientific American 238, Februar 1978, S. 22, 24. — Karl Scherers Beweis ist bisher noch nicht veröffentlicht worden.

50. Ein Zwillingsparadoxon

Kastors und Pollux' Mutter Leda fuhr im November 1987 mit einem Schiff von Hongkong nach San Francisco. Am 6. November 1987 um 3.00 Uhr nachts gebar sie Pollux.

Kurz danach überquerte das Schiff die Datumsgrenze, die etwa entlang des 180. Längengrades quer durch den Pazifik vom Nordpol zum Südpol verläuft. Da die Seereise von Osten nach Westen verlief, musste dabei der Kalender um einen Tag zurückgestellt werden. Folglich wurde Kastor eine Stunde später am 5. November 1987 um 4.00 Uhr geboren.

Der ältere Bruder hat deshalb also tatsächlich das jüngere Geburtsdatum.

Quelle: Rick McCarty, Internet, http://personal.ecu.edu/mccartyr/twins.html, ca. 1999.

51. Das Alter des Professors

Die drei Damen sind, nach dem Alter geordnet, a, b und c Jahre alt, und $a \cdot b \cdot c = 2450$.

Die Zahl 2450 hat die Primfaktoren $2 \cdot 5 \cdot 5 \cdot 7 \cdot 7$. Daraus ergeben sich zwanzig Möglichkeiten für die Alter der Damen.

a	b	c	$a + b + c$
1	1	2450	2452
1	2	1225	1228
1	5	490	496
1	7	350	358
1	10	245	256
1	14	175	190
1	25	98	124
1	35	70	106
1	49	50	100
2	5	245	252
2	7	175	184
2	25	49	76
2	35	35	72
5	5	98	108
5	7	70	82
5	10	49	64
5	14	35	54
7	7	50	64
7	10	35	52
7	14	25	46

Der Assistent kennt natürlich sein eigenes Alter, das gerade die Hälfte von $a + b + c$ ist. Da er jedoch trotzdem nicht ermitteln kann, wie alt die Nichten sind, muss er 32 Jahre alt sein, denn $2 \cdot 32 = 64$ ist der einzige Wert für $a + b + c$, der doppelt vorkommt und deshalb keine eindeutigen Alter ergibt.

Die Frau des Professors ist also 49 oder 50 Jahre alt. Der Professor weiß, dass der Assistent sein Alter kennt, und er sagt, dass er auf seiner Geburtstagsfeier der Älteste war und dass der Assistent dadurch das Alter der Nichten ermitteln könne. Wäre der Professor nun 51 Jahre oder älter, so könnte der Assistent mit dieser Information nichts anfangen. Anderseits kann er auch nicht 49 Jahre oder jünger sein, da er sonst nicht älter als seine Frau wäre. Folglich ist er 50 Jahre alt.

Seine beiden Nichten sind somit 5 und 10 und seine Frau 49 Jahre alt.

Quelle: Aufgabe: Doose, Praxis der Mathematik 1, Heft 4, 1959, S. 105. — Lösung: Doose, Kracke und Richtenberg, Praxis der Mathematik 1, Heft 7,1959, S. 191.

52. Der magische Dominorahmen

Achtundzwanzig Dominosteine haben sechsundfünfzig Felder. Deshalb taucht jede der sieben Augenzahlen 56/7 = 8−mal auf. Es gibt somit insgesamt 8 · (0 + 1 + 2 + 3 + 4 + 5 + 6) = 168 Augen auf den Steinen.

In jede Kante des Rahmens sollen 44 Augen liegen, insgesamt also 4 · 44 = 176. Die Augen auf den vier Eckfeldern gehen in die Rechnung von jeweils zwei Kanten ein und zählen deshalb doppelt. Man muss also dafür sorgen, dass die Augenzahl auf den Eckfeldern zusammen 176 − 168 = 8 ergibt. Den Rest kann man durch Ausprobieren leicht lösen. Die Zeichnung zeigt ein Lösungsbeispiel.

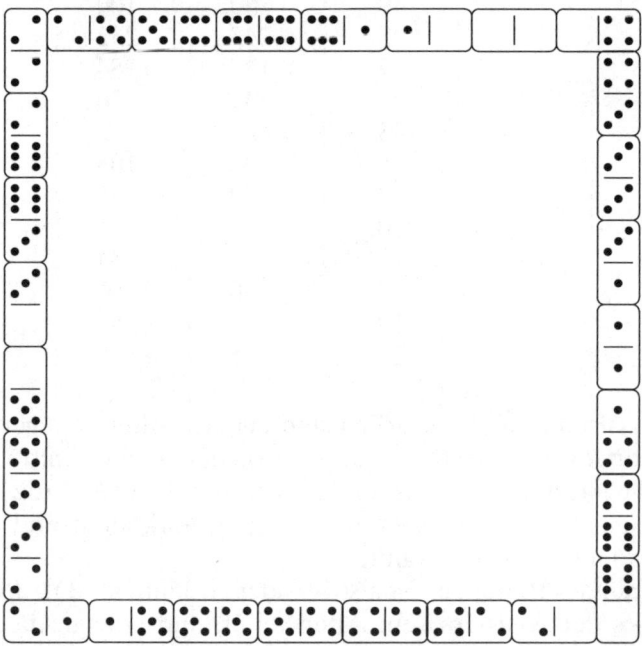

Das Problem lässt sich erweitern. Auf den vier Eckfeldern eines magischen Dominorahmens liegen mindestens 4 · 0 = 0 und höchstens 4 · 6 = 24 Augen. Folglich kann die Kantensumme des Rahmens zwischen (168 + 0)/4 = 42 und (168 + 24)/4 = 48 Augen liegen.

Der österreichische Mathematiker Helmut Postl hat für diese Kantensummen alle verschiedenen Lösungen gezählt. Rahmen, die durch Drehung oder Spiegelung eines anderen Rahmens entstehen, sind dabei nicht mitgerechnet.

Eine Lösung mit der Kantensumme $45 - i$ kann man immer in eine Lösung mit der Kantensumme $45 + i$ verwandeln, indem man jedes Dominofeld mit der Augenzahl a durch eines mit der Augenzahl $6 - a$ ersetzt. Deshalb ist auch die Anzahl der Lösungen für Rahmen mit den Kantensummen $45 - i$ und $45 + i$ jeweils gleich.

Kantensumme	Anzahl
42	0
43	0
44	12039392
45	6150616
46	12039392
47	0
48	0

Quelle: Henry Ernest Dudeney, The Strand Magazine 43, 1912, S. 228, 357. — Anzahlbestimmungen: Helmut Postl, in diesem Buch

53. Die Dominoreihe

Bei diesen drei Dominosteinen kann man mit direkt nebeneinanderliegenden Feldern jede Augenzahl von 1 bis 17 bilden.

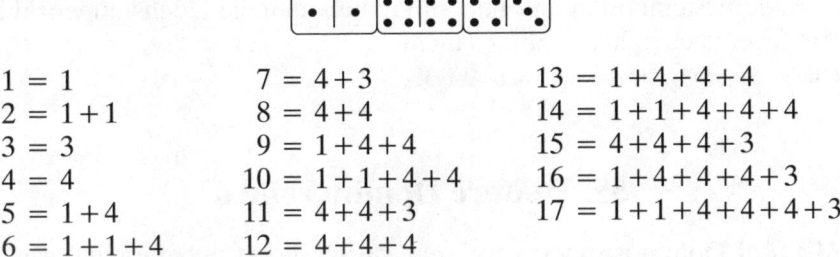

$1 = 1$	$7 = 4 + 3$	$13 = 1 + 4 + 4 + 4$
$2 = 1 + 1$	$8 = 4 + 4$	$14 = 1 + 1 + 4 + 4 + 4$
$3 = 3$	$9 = 1 + 4 + 4$	$15 = 4 + 4 + 4 + 3$
$4 = 4$	$10 = 1 + 1 + 4 + 4$	$16 = 1 + 4 + 4 + 4 + 3$
$5 = 1 + 4$	$11 = 4 + 4 + 3$	$17 = 1 + 1 + 4 + 4 + 4 + 3$
$6 = 1 + 1 + 4$	$12 = 4 + 4 + 4$	

Um die Augenzahlen von 1 bis 17 zu erhalten, muss man aber nicht unbedingt diese drei Steine nehmen. Es geht auch noch mit fünf anderen Kombinationen.

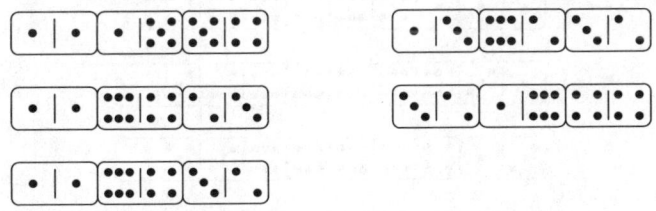

Quelle: Siehe Quelle der übernächsten Aufgabe.

91

54. Eine zweite Dominoreihe

Mit diesen vier Dominosteinen kann man durch direkt nebeneinanderliegende Felder jede Augensumme von 1 bis 29 bilden.

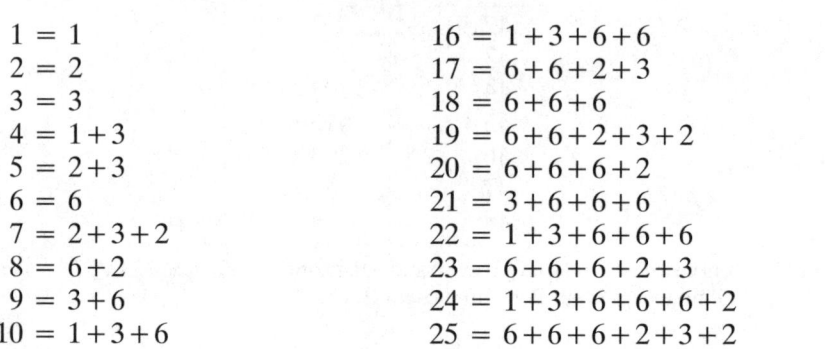

1 = 1	16 = 1+3+6+6
2 = 2	17 = 6+6+2+3
3 = 3	18 = 6+6+6
4 = 1+3	19 = 6+6+2+3+2
5 = 2+3	20 = 6+6+6+2
6 = 6	21 = 3+6+6+6
7 = 2+3+2	22 = 1+3+6+6+6
8 = 6+2	23 = 6+6+6+2+3
9 = 3+6	24 = 1+3+6+6+6+2
10 = 1+3+6	25 = 6+6+6+2+3+2
11 = 6+2+3	26 = 3+6+6+6+2+3
12 = 6+6	27 = 1+3+6+6+6+2+3
13 = 6+2+3+2	28 = 3+6+6+6+2+3+2
14 = 6+6+2	29 = 1+3+6+6+6+2+3+2
15 = 3+6+6	

Andere Steinkombinationen, mit denen man die Höchstaugenzahl von 29 erreichen kann, gibt es nicht.

Quelle: Siehe Quelle der nächsten Aufgabe.

55. Weitere Dominoreihen

Mit fünf Dominosteinen kann man durch direkt nebeneinanderliegende Felder jede Augensumme von 1 bis 39 bilden. Es gibt dafür vier verschiedene Möglichkeiten.

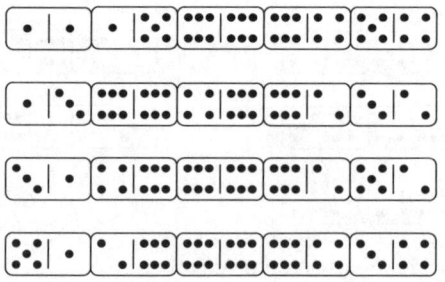

Bei sechs Steinen erhöht sich die erreichbare Augensumme auf 50, und man kann sie mit zwei Kombinationen realisieren.

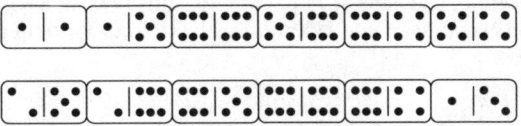

Für die meisten größere Zahlen n ist das Problem bisher ungelöst. Die höchsten bisher erreichten Augenzahlen $N(n)$ sind in der Tabelle aufgelistet. Ob sie aber für $n = 7$ bis $n = 14$ auch tatsächlich die Maximalwerte sind, ist unbekannt.

Nimmt man für $n \geq 25$ die n Dominosteine mit den höchsten Augensummen, so erhält man dadurch die Obergrenzen $N(25) \leq 165$, $N(26) \leq 167$, $N(27) \leq 168$ und $N(28) \leq 168$. Diese sind auch tatsächlich erreichbar und damit natürlich auch die Maximalwerte.

n	$N(n)$	Steinkombination
7	60	11, 15, 66, 55, 56, 64, 54
8	69	11, 15, 66, 63, 55, 56, 64, 54
9	78	11, 16, 36, 45, 65, 66, 55, 64, 44
10	86	11, 26, 36, 66, 56, 55, 46, 54, 35, 44
11	94	11, 16, 36, 66, 56, 55, 46, 35, 26, 54, 44
12	101	11, 16, 36, 66, 56, 55, 46, 45, 35, 26, 44, 43
13	108	11, 16, 36, 66, 56, 55, 46, 45, 44, 35, 26, 52, 34
14	116	15, 16, 35, 36, 66, 56, 55, 46, 45, 44, 34, 62, 52, 22
25	165	11, 15, 66, 56, 55, 46, 44, 36, 35, 34, 33, 26, 25, 24, 23, 22, 16, 14, 13, 12, 06, 05, 04, 03, 54
26	167	11, 15, 66, 56, 55, 46, 44, 36, 35, 34, 33, 26, 25, 24, 23, 22, 16, 14, 13, 12, 06, 04, 05, 03, 02, 54
27	168	11, 15, 66, 56, 55, 46, 44, 36, 35, 34, 33, 26, 25, 24, 23, 22, 16, 14, 13, 12, 06, 05, 04, 01, 03, 02, 54
28	168	11, 15, 66, 56, 55, 46, 44, 36, 35, 34, 33, 26, 25, 24, 23, 22, 16, 14, 13, 12, 06, 05, 04, 01, 03, 02, 00, 54

Quelle: Henry Ernest Dudeney stellt die Aufgabe für $n = 4$ und gibt als Beispiel eine Lösung für $n = 2$ an. Sein Wert für $N(4)$ ist jedoch falsch. (Henry Ernest Dudeney, Modern Puzzles and How to Solve Them, London 1926, S. 78, 167.) — 1967 gibt Martin Gardner einen Band heraus, in dem die Aufgaben aus Dudeneys Büchern „Modern Puzzles and How to Solve Them" und „Puzzles and Curious Problems" zusammengefasst sind. In diesem Band korrigiert Victor Meally $N(4)$ und gibt außerdem $N(3)$ an. (Henry Ernest Dudeney, 536 Puzzles and Curious Problems, New York 1967, S. 192, 395.) — Wade E. Philpott fragt 1971 nach den Werten für $N(n)$ für $n \geq 5$. (Wade E. Philpott, Journal of Recreational Mathematics 4, April 1971, S. 83–84.) — Harm Bakker findet 1997 die Werte für $N(1)$ bis $N(6)$ und alle dafür möglichen Steinkombinationen, sowie die besten bisher bekannten Werte für $N(7)$ bis $N(10)$. (Harm Bakker, Euclides 73, November/Dezember 1997, S. 107.) — Von Pieter Torbijn stammen die höchsten bisher bekannten Werte für $N(11)$ bis $N(14)$ und der Maximalwert $N(28)$. (Pieter Torbijn, Cubism for Fun, Heft 46, Juni 1998, S. 8–11.) — Die Werte für $N(25)$ bis $N(27)$ stammen von Helmut Postl. (Helmut Postl, in diesem Buch.)

56. Das Dreieck aus Seitenhalbierenden

Indem man die drei Seitenmittelpunkte miteinander verbindet, kann man das ursprüngliche Dreieck in vier deckungsgleiche kleine Dreiecke unterteilen. Nun wird das ursprüngliche Dreieck samt seiner Unterdreiecke ein zweites Mal gezeichnet, diesmal auf dem Kopf stehend. Dadurch erhält man ein Parallelogramm.

Durch Parallelverschieben der Seitenhalbierenden s_2 und s_3 lässt sich das Seitenhalbierenden−Dreieck in das Parallelogramm einzeichnen.

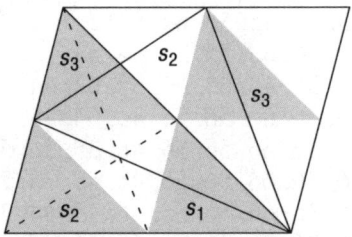

Seitenhalbierende teilen ein Dreieck immer in zwei flächengleiche Hälften. Das ist auch leicht einzusehen: Die Fläche eines Dreiecks ist das halbe Produkt aus seiner Grundseite und seiner Höhe, und die beiden durch die Seitenhalbierenden entstandenen Dreiecke haben gleich lange Grundseiten und dieselbe Höhe.

Das Seitenhalbierenden−Dreieck besteht aus sechs halben kleinen Dreiecken und das ursprüngliche Dreieck aus vier kleinen Dreiecken. Die Flächen dieser beiden Dreiecke stehen folglich im Verhältnis $3:4$.

Quelle: Norbert Hungerbühler, Mathematics Magazine 72, April 1999, S. 142.

57. Der Schatten der Stäbe

Die Sonnenstrahlen, die die oberen Enden der beiden Stäbe streifen, laufen auch zu den Enden der Schatten. Wegen des großen Abstands zwischen der Sonne und der Erde liegen diese Strahlen parallel zueinander.

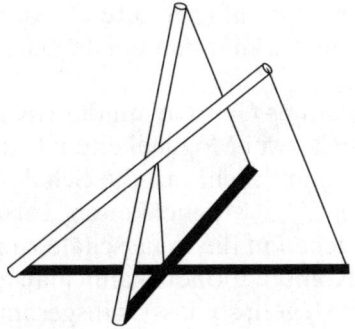

Falls die beiden Stäbe sich berühren, muss ein Lichtstrahl, der diesen Berührpunkt streift, zum Schnittpunkt der beiden Schatten laufen und außerdem parallel zu den beiden anderen Lichtstrahlen liegen. Dies ist nicht der Fall. Also berühren sich die beiden Stäbe nicht.

Quelle: Mogens Esrom Larsen und Leif Plenov, Illustrierte Wissenschaft 9, Januar 2000, S. 69, 78.

58. Die goldene Kette

Es reicht aus, zwei Kettenglieder aufzutrennen, um einen Gewichtsstückesatz von einem bis dreiundzwanzig Gramm zu erhalten. Dazu muss man die Schnitte so legen, dass man außer den beiden aufgetrennten Gliedern noch drei Kettenstücke von drei, sechs und zwölf Gliedern erhält.

$1 = 1$	$9 = 6+3$	$17 = 12+3+1+1$
$2 = 1+1$	$10 = 6+3+1$	$18 = 12+6$
$3 = 3$	$11 = 6+3+1+1$	$19 = 12+6+1$
$4 = 3+1$	$12 = 12$	$20 = 12+6+1+1$
$5 = 3+1+1$	$13 = 12+1$	$21 = 12+6+3$
$6 = 6$	$14 = 12+1+1$	$22 = 12+6+3+1$
$7 = 6+1$	$15 = 12+3$	$23 = 12+6+3+1+1$
$8 = 6+1+1$	$16 = 12+3+1$	

Quelle: Siehe nächste Aufgabe.

59. Noch mehr goldene Ketten

Schneidet man n Kettenglieder auf, so zerfällt die Kette in maximal $n + 1$ Kettenstücke und n aufgetrennte Glieder. Weniger als $n + 1$ Stücke sind es nur dann, wenn man benachbarte Kettenglieder aufschneidet.

Will man ein bestimmtes Gewicht auf die Waagschale legen, so gibt es für jedes Kettenstück zwei Möglichkeiten: Entweder es kommt auf die Schale oder es kommt nicht auf die Schale. Folglich gibt es bei $n + 1$ Kettenstücken 2^{n+1} Möglichkeiten, verschiedene Kombinationen von Kettenstücken in die Waagschale zu packen.

Zu jeder dieser Kombinationen kann man noch 0 bis n aufgetrennte Kettenglieder legen, so dass es insgesamt $2^{n+1}(n + 1)$ Möglichkeiten gibt. Eine spezielle davon ist, dass die Schale völlig leer bleibt.

Eine Kette, mit der man einen Gewichtssatz von 1 bis N durch n aufgeschnittene Glieder herstellen kann, darf also höchstens

$$N = 2^{n+1}(n + 1) - 1$$

Glieder haben.

Diesen Maximalwert kann man auch tatsächlich erreichen, wenn die n Glieder so auftrennt, dass die Kettenstücke die Längen

$$(n + 1)2^0, \ (n + 1)2^1, \ (n + 1)2^2, \ (n + 1)2^3, \ ..., \ (n + 1)2^n$$

bekommen.

Quelle: $n = 3$: Rupert T. Gould, The Stargazer Talks, London 1944, A Few Puzzler: Pressebericht einer BBC–Sendung vom 10. Januar 1939, S. 106–113. Gould schreibt in einem Postskriptum auf S. 113, dass er glaubt, die Aufgabe sei zuerst erschienen in John O'London's Weekly vom 16. März 1935. Ich habe dies nicht überprüfen können. — Beliebige Werte von n: Aufgabe: P. R. Halmos, American Mathematical Monthly 51, Oktober 1944, S. 472. – Lösung: Monte Dernham, American Mathematical Monthly 52, Mai 1945, S. 276–277.

60. Die Drittelung

Die Skizze zeigt, wie die Schnittlinien laufen müssen.

Das komplizierte Schnittmuster in der Aufgabe und das der Figur unterlegte quadratische Raster dienten ausschließlich zu Ihrer Verwirrung. Die meisten Menschen werden auch tatsächlich dadurch völlig blind für die einfache Lösung.

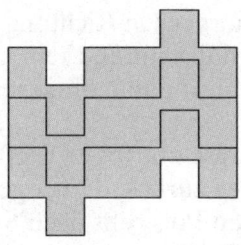

Quelle: Aufgabe: Nob Yoshigahara in: Elwyn Berlekamp und Tom Rodgers (Hrsgr.),The Mathemagician and Pied Puzzler, Natick 1999, S. 38, 55, 66. Eine Lösung wird in dem Buch nicht angegeben. — Lösung: Heinrich Hemme, in diesem Buch. — Von diesem Problem gibt es schon eine Reihe von älteren Varianten. Zwei davon findet man in meinen Büchern „Heureka!" (Göttingen 1988, S. 34, 80) und „Das Hexeneinmaleins" (Göttingen 2000, S. 43, 108).

61. Der Abstand der Punkte

Man kann in der Tat vier Punkte so anordnen, dass alle möglichen Abstände zwischen jeweils zwei Punkten nur zwei verschiedene Werte annehmen. Es gibt insgesamt sechs verschiedene Möglichkeiten dazu.

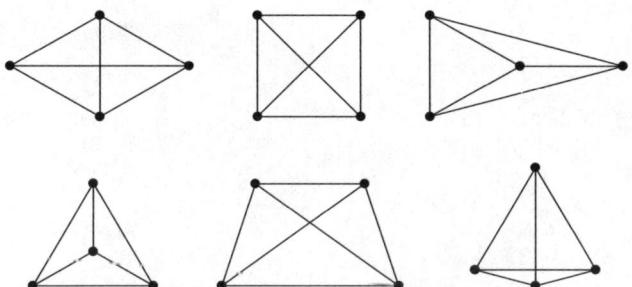

Quelle: S. J. Einhorn und I. J. Schoenberg, Proceedings of the Koninklijke Nederlandse Akademe van Wettenschappen A69, 1966, S. 479—504.

62. Das Zelt

Das Zelt kann an einem beliebigen Punkt in der Arktis stehen, der näher als zehn Kilometer am Nordpol liegt.

Der Forscher startet morgens in Richtung Norden, er geht also auf den Nordpol zu. Irgendwann während seiner Wanderung überschreitet er den Pol und marschiert dann, ohne seine Richtung zu ändern, nach Süden weiter.

Nach seiner Mittagspause startet er wieder in Richtung Norden. Das heißt, er geht den Weg zurück, den er gekommen ist, überschreitet irgendwann wieder den Pol, geht nach Süden weiter und kommt schließlich bei seinem Zelt an.

Quelle: David Singmaster in: Elwyn Berlekamp und Tom Rodgers (Hrsgr.), The Mathemagician and Pied Puzzler, Natick 1999, S. 53−54, 65.

63. Die Datumsuhr

In dem Diagramm sind die zwölf Monate und ihre jeweiligen Längen skizziert.

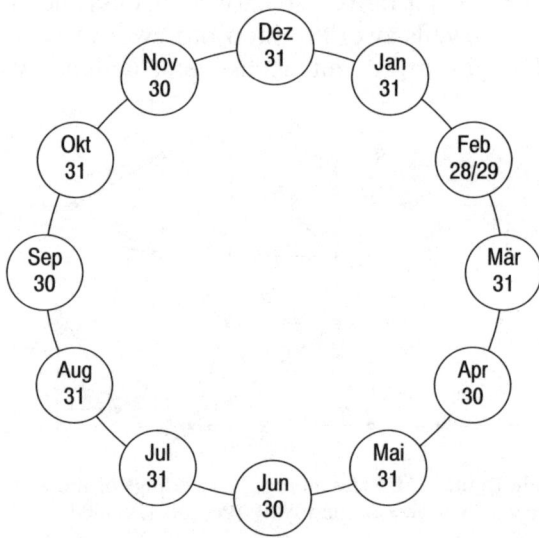

Man erkennt daran, dass es zwei Teilfolgen von je sieben Monaten gibt, die sich in der Abfolge der Monatslängen nur beim letzten Monat unterscheiden:

Mär (31), Apr (30), Mai (31), Jun (30), Jul (31), Aug (31), Sep (30) und

Aug (31), Sep (30), Okt (31), Nov (30), Dez (31), Jan (31), Feb (28/29)

In welcher Teilfolge die Uhr stehengeblieben ist, kann man also nur dann erkennen, wenn die wieder laufende Uhr das Ende der Teilfolge erreicht hat.

Am einfachsten ist es bei der zweiten Folge: Wenn die Datumsanzeige von 28 oder 29 auf 1 springt, weiß man, dass sie den Wechsel von Februar nach März gemacht hat.

Etwas schwieriger ist es, die erste Teilfolge zu erkennen. Wenn nach zwei Monaten von je 31 Tagen Länge im darauffolgenden Monat die Datumsanzeige von 29 auf 30 springt, weiß man, dass die Uhr den September anzeigt.

Hat man vom Tag des Batteriewechsels bis zum Teilfolgenende die verstrichenen Tage mitgezählt, ist es nun kein Problem mehr, den Monat zu berechnen, in dem die Uhr stehengeblieben ist.

Ist die Uhr am 1. August vor einem Schaltjahr oder am 1. März stehengeblieben, muss man am längsten warten, um den Monat identifizieren zu können, nämlich genau 213 Tage.

Quelle: Aufgabe: Gerald Ameres, Internet, Newsgroup de.sci.mathematik, 8. Januar 2001. — Lösung: Georg Kraml, Internet, Newsgroup de.sci.mathematik, 8. Januar 2001.

64. Das T−Puzzle

Der vielleicht etwas unfaire Trick ist, dass sich die Aufgabe nur dann lösen lässt, wenn man das T−Muster als Loch in einer anderen Figur bildet. Hat man dies erst einmal erkannt, dann ist das Problem ganz einfach.

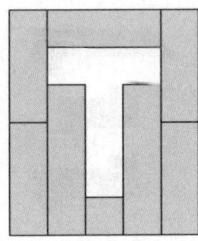

Quelle: Torsten Sillke, in diesem Buch.

65. Noch ein T−Puzzle

Für einen möglichst einfachen Beweis färben wir, wie es die Skizze zeigt, acht Felder des T−Musters schwarz.

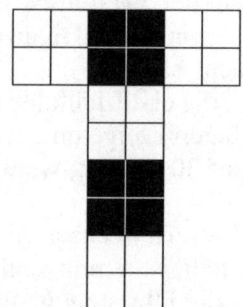

Angenommen, mit den acht Papierstreifen könnte man das Muster vollständig abdecken, so müssten von jedem vierfeldrigen Streifen zwei Felder und von jedem dreifeldrigen Streifen müsste mindestens ein Feld auf schwarze Quadrate des T−Musters fallen. Da zwei vier- und fünf dreifeldrige Streifen untergebracht werden müssen, fallen mindestens neun Felder auf die acht schwarzen Quadrate, und das ist natürlich unmöglich.

Quelle: Torsten Sillke, in diesem Buch.

66. Das E−Puzzle

Aus den drei Teilen kann man die perspektivische Darstellung eines massiven E bilden. Das E hat eine weiße Vorderfläche und schwarze Seitenflächen und steht vor einem weißen Hintergrund. Deshalb ist es schwer zu erkennen.

Das E tritt deutlicher hervor, wenn man es statt vor einen weißen Hintergrund vor einen grauen stellt.

Quelle: Scot Morris, vorgestellt auf der 17th International Puzzle Party, San Francisco 1997.

67. Die Kreisteilung

Die Skizze zeigt eine Zerlegung in lauter deckungsgleiche Teile. Die Hälfte von ihnen wird von dem grauen Flecken nicht berührt. Alle Kreisbögen haben den gleichen Radius wie der Kreis selbst.

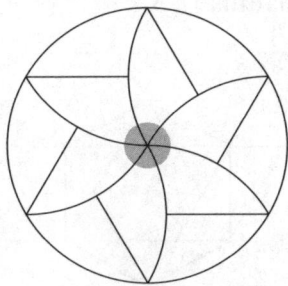

Man muss die sechs Bogendreiecke nicht unbedingt durch Geraden halbieren, sondern kann sie auch durch Kreisbögen halbieren, dritteln, vierteln usw.

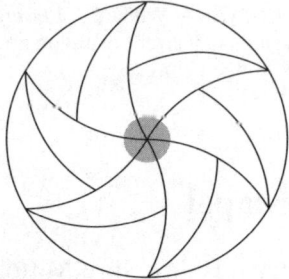

Quelle: Aufgabe und 1. Lösung: Hallard T. Croft, Kenneth J. Falconer und Richard K. Guy, Unsolved Problems in Geometry, New York 1991, S. 87, 89. — 2. und 3. Lösung: Helmut Postl, in diesem Buch.

68. Shakespeare—Logik

Die beiden Symbole ∨ und ¬ stehen für „oder" und für „nicht". Auf Englisch gelesen bedeutet die Formel also „Two B or not two B". Dieser Satz ist gleichlautend mit dem berühmten Shakespeare—Zitat „To be or not to be" aus dem Schauspiel „Hamlet".

Quelle: Aufgabe: Martin Gardner, Scientific American 225, Juli 1971, S. 108. — Lösung: Martin Gardner, Scientific American 225, August 1971, S. 105.

69. Sechsecke

Zeichnet man die Figur in ein Raster aus gleichseitigen Dreiecken ein, so sieht man, dass das innere Sechseck aus sechs Dreiecken und das äußere aus zwölf ganzen und zwölf halben Dreiecken, also insgesamt aus achtzehn Dreiecken besteht. Die beiden Sechseckflächen stehen folglich im Verhältnis 1 : 3.

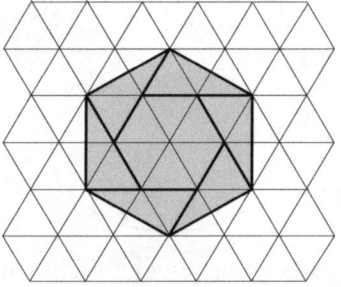

Quelle: Aufgabe: Jack G. Roof, The Mathematics Teacher 92, Mai 1999, S. 418. — Lösung: Heinrich Hemme, in diesem Buch. — In „The Mathematics Teacher" (Jack G. Roof, The Mathematics Teacher 92, Mai 1999, S. 420. — William J. Leonhard, The Mathematics Teacher 93, Februar 2000, S. 140.) sind auch zwei Lösungen angegeben, die aber mehr oder weniger umständliche Rechnungen sind.

70. Der Rohrstapel

In der untersten Schicht des Stapels liegen n Rohre. Ihre Mittelachsen sind mit den Mittelachsen der $n - 1$ direkt darüber liegenden Rohre durch die Vektoren $\vec{u}_1$ bis $\vec{u}_{n-1}$ und $\vec{v}_1$ bis $\vec{v}_{n-1}$ verbunden. Die Mittelachsen von jedem Paar benachbarter Rohre der Unterschicht und von dem direkt darüber liegenden Rohr bilden ein gleichschenkliges Dreieck. Darum sind alle Vektoren $\vec{v}_i$ jeweils Spiegelbilder der entsprechenden Vektoren $\vec{u}_i$. Das heißt, ihre vertikalen Komponenten sind jeweils gleich, und ihre horizontalen Komponenten unterscheiden sich nur durch das Vorzeichen.

Die Mittelachsen von jeweils vier Rohren, die sich reihum gegenseitig berühren, liegen auf den Ecken von Rhomben. Folglich sind auch die Mittelachsen der Rohre aus den oberen Schichten durch die Vektoren $\vec{u}_1$ bis $\vec{u}_{n-1}$ und $\vec{v}_1$ bis $\vec{v}_{n-1}$ miteinander verbunden.

Das oberste Rohr des Stapels hat von den beiden Randrohren des Stapels die Abstandsvektoren $\vec{U}$ und $\vec{V}$.

$$\vec{U} = \vec{u}_1 + \vec{u}_2 + \vec{u}_3 + ... + \vec{u}_{n-1}$$
$$\vec{V} = \vec{v}_1 + \vec{v}_2 + \vec{v}_3 + ... + \vec{v}_{n-1}$$

Da alle $\vec{v}_i$ die Spiegelbilder der entsprechenden $\vec{u}_i$ sind, müssen auch $\vec{V}$ und $\vec{U}$ Spiegelbilder voneinander sein. Folglich hat das oberste Rohr des Stapels von den beiden Randrohren der Unterschicht den gleichen Abstand.

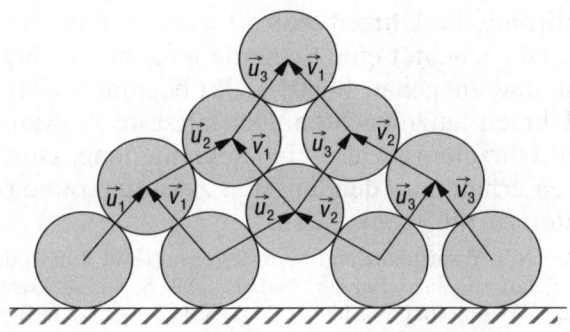

Quelle: Adam Brown in: Helena Verrill, Internet, http://hverrill.net/pages~helena/
linalg/linalg2.html, 1998

71. Palindromische Uhrzeiten

Obwohl die Uhrzeit sehr häufig ein Palindrom ist, gibt es nur acht verschiedene Abstände zwischen benachbarten palindromischen Zeiten. Um dies zu zeigen, bezeichnen wir mit a, b und c Ziffern der Uhr und — falls dies sinnvoll möglich ist — mit A, B und C die jeweils um 1 größeren Ziffern $A = a + 1$, $B = b + 1$ und $C = c + 1$.

Die fünf- und sechsstelligen palindromischen Uhrzeiten haben die allgemeine Form *a:bc:ba* bzw. *ab:cc:ba*. Je nachdem welche Werte die einzelnen Ziffern haben, muss man verschiedene Fälle für das nachfolgende Palindrom unterscheiden.

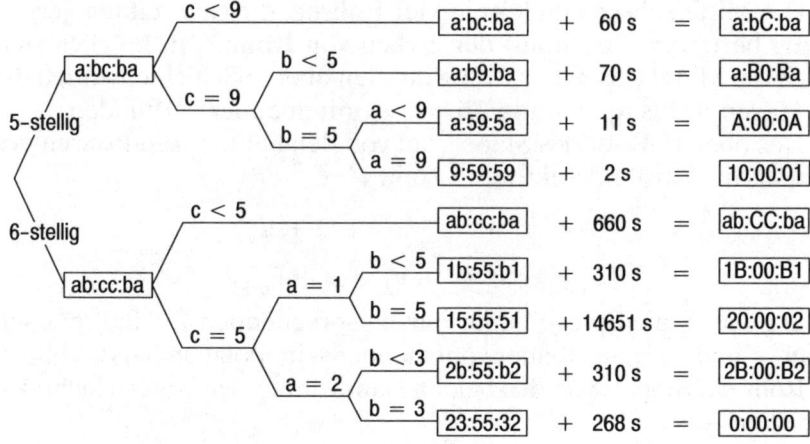

Die palindromische Uhrzeit 9:59:59 leuchtet eine Sekunde lang. Ab 10:00:00 Uhr leuchtet eine Sekunde lang eine nichtpalindromische Uhrzeit, und um genau 10:00:01 Uhr beginnt wieder eine palindromische Uhrzeit aufzuleuchten. Der kürzeste Zeitraum ohne palindromische Uhrzeiten ist also eine Sekunde lang. Durch ähnliche Überlegungen erhält man den längsten Zeitraum ohne palindromische Uhrzeiten zu 14650 Sekunden.

Quelle: Aufgabe: Nob Yoshigahara in: Elwyn Berlekamp und Tom Rodgers (Hrsgr.), The Mathemagician and Pied Puzzler, Natick 1999, S. 38. — Lösung: Heinrich Hemme, Bild der Wissenschaft 38, Januar 2001, S. 112. — In dem Buch von Berlekamp und Rodgers wird keine Lösung des Problems angegeben. — In „Bild der Wissenschaft" wurden die Zeiträume nicht ganz korrekt mit 2 Sekunden und 14651 Sekunden Länge angegeben. Die korrekten Werte stammen von Helmut Postl. (Helmut Postl, in diesem Buch.)

72. Weitere palindromische Uhrzeiten

Fünfstellige palindromische Uhrzeiten haben die allgemeine Form *a:bc:ba*, wobei *a*, *b* und *c* Ziffern sind. Für die Sekundenzahl *ba* gibt es die sechzig Möglichkeiten von 00 bis 59. Die Ziffern $b = 0 \ldots 5$ und $a = 0 \ldots 9$ erfüllen gleichzeitig auch die Bedingungen für die Zehnerstelle der Minuten bzw. die Einerstelle der Stunden. Die Einerstelle *c* der Minuten kann die zehn Werte von 0 bis 9 annehmen. Dies ergibt insgesamt $10 \cdot 60 = 600$ fünfstellige palindromische Uhrzeiten.

Sechsstellige palindromische Uhrzeiten haben die Form *ab:cc:ba*. Für die Stundenzahl *ab* gibt es die zehn Möglichkeiten 10, 11, 12, 13, 14, 15, 20, 21, 22 und 23. Die Stundenzahlen 16, 17, 18 und 19 scheiden aus, da 61, 71, 81 und 91 keine möglichen Sekundenzahlen sind. Die Einer- und Zehnerstelle *c* der Minuten kann die sechs Werte von 0 bis 5 annehmen. Folglich gibt es $10 \cdot 6 = 60$ sechsstellige palindromische Uhrzeiten.

Insgesamt hat ein Tag also 660 palindromische Uhrzeiten.

Verblüffend ist übrigens, dass während der zehn Stunden mit fünfstelligen Uhrzeiten zehnmal so viel Palindrome auftreten wie während der vierzehn Stunden mit sechsstelligen Uhrzeiten.

Quelle: Aufgabe: Nob Yoshigahara in: Elwyn Berlekamp und Tom Rodgers (Hrsgr.), The Mathemagician and Pied Puzzler, Natick 1999, S. 38. Eine Lösung wird in dem Buch nicht angegeben. — Lösung: Heinrich Hemme, Bild der Wissenschaft 38, Januar 2001, S. 112.

73. Zeit und Temperatur

Die Bankuhr zeigt nacheinander in gleichlangen Intervallen folgende Zeiten und Temperaturen an:

15:27; 18 °C; 15:28; 18 °C; 15:28; 18 °C; 15:29; 18 °C; 15:29; 18 °C; 15:29; 18 °C; 15:30; 18 °C; 15:30; 18 °C; 15:30; 18 °C; 15:31; 18 °C; 15:31; 18 °C; 15:32; 18 °C

Das siebte Intervall kann frühestens um 15:29:00 Uhr beginnen und das sechzehnte spätestens um kurz vor 15:31:00 Uhr enden. Für die zehn Intervall stehen also maximal etwas weniger als 120 Sekunden zur Verfügung. Folglich muss ein Intervall kürzer als 12 Sekunden sein.

Das erste Intervall muss spätestens kurz vor 15:28:00 Uhr und das dreiundzwanzigste kann frühestens um 15:32:00 Uhr beginnen. Die ersten zweiundzwanzig Intervalle dauern also mindestens etwas mehr als 240 Sekunden. Somit muss ein Intervall länger als 10,9 Sekunden sein.

Da die Intervalllänge ein ganzzahliger Sekundenwert ist, muss sie 11 Sekunden betragen.

Quelle: Aufgabe: V. V. Bapeswara Rao, New Scientist 139, 24. Juli 1993, S. 44. — Lösung: V. V. Bapeswara Rao, New Scientist 139, 28. August 1993, S. 45.

74. Meister und Absteiger

Angenommen, jedes Spiel einer Saison endet unentschieden, dann hat jeder Verein und somit auch der deutsche Meister am Ende nur 34 Punkte. Dies ist die geringste Punktzahl, mit der eine Mannschaft deutscher Meister werden kann.

Die höchste Punktzahl zu bestimmen, mit der ein Verein noch absteigen kann, ist etwas komplizierter. Die beiden schlechtesten Mannschaften treten insgesamt zweimal gegeneinander an. Die Ergebnisse dieser beiden Spiele sind für unsere Überlegungen jedoch ohne Bedeutung. Von den restlichen 304 Spielen der Saison sollte keines unentschieden ausgehen, um möglichst viele Punkte verteilen zu können. Damit nun der dritte Absteiger eine Höchstzahl an Punkten bekommt, müssen die $304 \times 3 = 912$ Punkte gleichmäßig auf die sechzehn ersten Vereine verteilt sein. Das heißt, jeder Verein und damit auch der dritte Absteiger hat 57 Punkte.

Quelle: Aufgabe und Lösung der Teilaufgabe mit der Frage nach der geringsten Punktzahl, mit der eine Mannschaft Meister werden kann: Ludwig Cambeis in: Heinrich Hemme, Bild der Wissenschaft 37, September 2000, S. 111. — Lösung der Teilaufgabe mit der Frage nach der höchsten Punktzahl, mit der eine Mannschaft absteigen kann: Ludwig Cambeis in: Heinrich Hemme, Bild der Wissenschaft 37, Dezember 2000, S. 120.

75. Die Zuglänge

Nachdem das Zugende Berta passiert hat, geht Alfred noch 10 m weiter. In dieser Zeit legt das Zugende die 70 m lange Strecke zwischen Bertas und Alfreds Haltepunkt zurück. Folglich ist der Zug siebenmal so schnell wie Alfred und Berta.

In der Zeit, in der Alfred seine 40 m gegangen ist, hat der Zuganfang also 280 m zurückgelegt. Da sich Alfred nach 40 m gerade auf der Höhe des Zugendes befindet, muss der Zug somit 280 m − 40 m = 240 m lang sein.

Quelle: Aufgabe: Jürgen Klüners in: Michael Winckler, MARP−Rätselarchiv, Puzzle Nr. 129, www.iwr.uni−heidelberg.de/~Michael.Winckler/PU/p129.html, 1999. — Lösung: Ken Duisenberg in: Michael Winckler, MARP−Rätselarchiv, Puzzle Nr. 129, www.iwr.uni−heidelberg.de/~Michael.Winckler/PU/s129.html, 1999. — MARP ist ein von Michael Winckler vom IWR der Universität Heidelberg betreutes Archiv für Puzzle und Rätsel und über das Internet zugänglich.

76. Durch 11 teilbare Zahlen

Eine Zahl ist durch 11 teilbar, wenn ihre alternierende Quersumme ein Vielfaches von 11 ist. Die alternierende Quersumme einer Zahl ist die Summe der Ziffern auf ihren ungeraden Stellen minus die Summe der Ziffern auf ihren geraden Stellen. So hat beispielsweise die Zahl 314159265 die alternierende Quersumme $(3+4+5+2+5)$ $- (1+1+9+6) = 2$, und da 2 kein Vielfaches von 11 ist, kann man 314159265 nicht durch 11 teilen. Die Reihenfolge der einzelnen Ziffern auf den ungeraden Stellen der Zahl bzw. auf den geraden Stellen spielt dabei für die Teilbarkeit durch 11 keine Rolle.

Um aus den zehn Ziffern von 0 bis 9 ein zehnstellige, durch 11 teilbare Zahl zu bilden, muss man sie in zwei Fünfergruppen aufteilen, deren Summen A und B sich um ein Vielfaches von 11 unterscheiden. Da die Summe der zehn Ziffern 45 beträgt, gilt also:

$$A + B = 45$$
$$A - B = 11n$$

Dabei soll A die größere der beiden Summen sein und n einer der Multiplikatoren 0, 1, 2, 3, ...

Löst man diese beiden Gleichungen nach A auf, setzt sie dann gleich und stellt sie anschließend nach B um, erhält man

$$B = \frac{45 - 11n}{2}.$$

Weil B eine ganze Zahl ist, muss der Zähler des Bruchs gerade und damit n ungerade sein. Für $n = 1$ ergibt sich $B = 17$ und $A = 28$. Für $n = 3$ wird $B = 6$. Dies ist aber unmöglich, da die Summe der fünf kleinsten Ziffern schon 10 ergibt. Für alle $n \geq 5$ erhält man ein negatives B. Folglich ist $B = 17$ und $A = 28$.

Gruppe B	Gruppe A	kleinste Zahl	größte Zahl
0, 1, 2, 5, 9	3, 4, 6, 7, 8	1304265798	9857261403
0, 1, 2, 6, 8	3, 4, 5, 7, 9	1304256789	9876524130
0, 1, 3, 4, 9	2, 5, 6, 7, 8	1205364798	9847361502
0, 1, 3, 5, 8	2, 4, 6, 7, 9	1204365789	9875634120
0, 1, 3, 6, 7	2, 4, 5, 8, 9	1204356879	9786534120
0, 1, 4, 5, 7	2, 3, 6, 8, 9	1203465879	9785643120
0, 2, 3, 4, 8	1, 5, 6, 7, 9	1052637498	9874635210
0, 2, 3, 5, 7	1, 4, 6, 8, 9	1042638597	9785634210
0, 2, 4, 5, 6	1, 3, 7, 8, 9	1032748596	9685743210
1, 2, 3, 4, 7	0, 5, 6, 8, 9	1025364879	9784635201
1, 2, 3, 5, 6	0, 4, 7, 8, 9	1024375869	9685734201

Durch systematisches Probieren ist es nicht schwer, alle Möglichkeiten zu finden, wie man die zehn Ziffern in zwei Fünfergruppen aufteilen kann, deren Summen 17 und 28 ergeben.

Anschließend bildet man aus jedem Fünfergruppenpaar durch 11
teilbare Zahlen, indem man die Ziffern der einen Gruppe auf die geraden Stellen und die der anderen auf die ungeraden Stellen der Zahl
verteilt. Es ist leicht, für jedes Fünfergruppenpaar die jeweils kleinste
und größte durch 11 teilbare Zahl zu finden.

Die kleinste durch 11 teilbare Zahl, die alle zehn Ziffern genau einmal enthält, ist also 1024375869 und die größte 9876524130.

Da die Quersumme aller dieser Zahlen 45 und damit ein Vielfaches
von 9 ist, sind sie gleichzeitig auch durch 9 und damit auch durch
$9 \cdot 11 = 99$ teilbar.

Quelle: Aufgabe: Henry Ernest Dudeney, The Weekly Dispatch, 21. Oktober 1900.
— Lösung: Henry Ernest Dudeney, The Weekly Dispatch, 4. November 1900.

77. Rechtecke

Unterteilt man das weiße Rechteck, so wie es die Skizze zeigt, in drei
Unterrechtecke, sieht man die Lösung sofort. Das graue Rechteck
verdeckt zwei Unterrechtecke je zur Hälfte und eines vollständig.
Folglich deckt es mehr als die Hälfte des weißen Rechtecks ab.

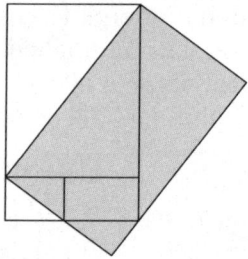

Quelle: David Gale, The Mathematical Intelligencer 18, Nr. 3, 1996, S. 24.

78. Die verschwundenen Karos

Das seltsame Paradoxon der verschwundenen Karos löst sich schnell
auf, wenn man sich die beiden Dreiecke einmal etwas genauer an-

sieht. Die Linien, die von den unteren Ecken zu den Spitzen laufen, sind nämlich nicht ganz gerade, sondern leicht geknickt. Dadurch wird aus dem ersten Dreieck ein nach innen gewölbtes und aus dem zweiten ein nach außen gewölbtes Fünfeck.

Das erste Fünfeck hat eine helle, dreieckige Spitze mit einer Fläche von

$$\frac{1}{2}gh = \frac{1}{2}(4 \cdot 5) = 10$$

Quadrateinheiten und eine dunkle, trapezförmige Basis mit einer Fläche von

$$\frac{1}{2}(a + b)h = \frac{1}{2}(10 + 4)7 = 49$$

Quadrateinheiten. Seine Gesamtfläche beträgt also 59 Quadrateinheiten.

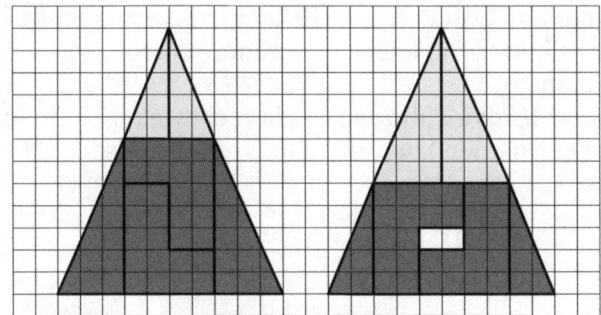

Beim zweiten Rechteck hat die helle Spitze eine Fläche von

$$\frac{1}{2}gh = \frac{1}{2}(6 \cdot 7) = 21$$

Quadrateinheiten und die dunkle Basis von

$$\frac{1}{2}(a + b)h = \frac{1}{2}(10 + 6)5 = 40$$

Quadrateinheiten. Zieht man die Lücke von zwei Felder noch ab, so beträgt der Flächeninhalt des zweiten Fünfecks genau wie der der ersten 59 Quadrateinheiten.

Quelle: Martin Gardner, Mathematics, Magic and Mystery, New York 1956, S. 145–150. — Paul Curry zerlegte 1953 ein Rechteck in vier Teile, die er zu einem deckungsgleichen Rechteck mit einer quadratischen Lücke zusammensetzen konnte (Paul Curry in: Martin Gardner, Mathematics, Magic and Mystery, New York 1956, S. 139–145). Gardner hat Currys Paradoxon nur zu einer dreieckigen Variante abgewandelt.

79. Das Bild an zwei Nägeln

Schlingt man den Faden so, wie es die Skizze zeigt, um die beiden Nägel, so fällt das Bild zu Boden, wenn man einen der Nägel aus der Wand zieht. Die beiden freien Fadenenden der Skizze sind am Bilderrahmen befestigt.

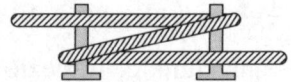

Quelle: A. Spivak, Quantum 7, Mai−Juni 1997, S. 13, 60.

80. Die Teilung

Es sind bisher nur zwei Polygone bekannt, die man jeweils in zwei mit der Ausgangsfigur formgleiche, aber unterschiedlich große Teile zerschneiden kann

Eines dieser beiden Polygone ist ein rechtwinkliges Dreieck, dessen Seiten alle verschieden lang sind. Die Trennlinie ist die Höhe auf die Hypotenuse.

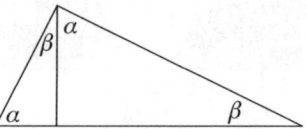

Das zweite Polygon ist ein L−förmiges Sechseck.

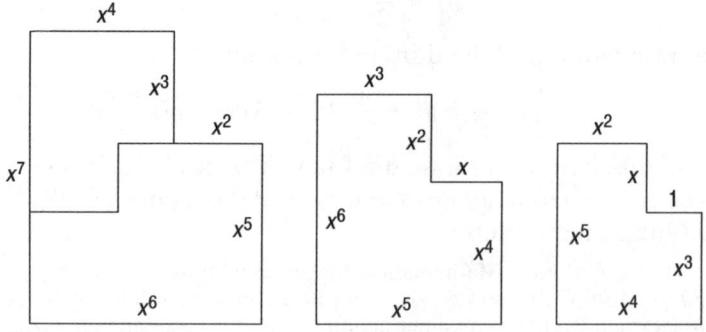

Die Größe x ist dabei die Quadratwurzel aus dem Goldenen Schnitt Φ.

$$x = \sqrt{\Phi} = \sqrt{\frac{1 + \sqrt{5}}{2}} \approx 1{,}27202$$

Die Ausgangsfigur und die beiden Teilstücke stehen im Größenverhältnis $x^2 : x : 1$ zueinander. Das kleinere Teilstück ist spiegelbildlich in dem ursprünglichen Vieleck enthalten.

Dass sich die beiden Teilstücke zu einem L–förmigen Sechseck zusammensetzen lassen, ist ohne weiteres an den Bemaßungen zu sehen. Von fünf der sechs Seitenlängen ist auch direkt zu erkennen, dass sie das x^2– bzw. das x–fache der Seitenlängen der Teilstücke sind. Es muss nur noch überprüft werden, ob auch x^7 tatsächlich gleich $x^3 + x^5$ und x^4 gleich $1 + x^2$ ist. Dies lässt sich aber durch Einsetzen von $x = \sqrt{\Phi}$ leicht bestätigen.

Karl Scherer konnte 2000 beweisen, dass diese Polygone die einzigen mit höchstens sechs Seiten sind, die die geforderten Bedingungen erfüllen.

Quelle: 1. Lösung: Helmut Postl, in diesem Buch. — 2. Lösung: Karl Scherer, A Puzzling Journey to the Reptiles and Related Animals, Auckland 1987, Kap. 4.8, Aufg. d. (Das Buch ist nicht paginiert.) — Karl Scherer Beweis, dass es nur zwei Lösungen gibt für Polygone mit höchstens sechs Seiten, ist bisher noch nicht veröffentlicht worden.

81. Die Dreiecke im Fünfeck

Die Fünfecksfläche setzt sich aus spitzwinkligen Dreiecken, stumpfwinkligen Dreiecken und einem kleinen Fünfeck zusammen. Aus diesen Elementen lassen insgesamt 35 verschiedene Dreiecke bilden.

5 × Typ I: spitzwinkliges Dreieck
5 × Typ II: stumpfwinkliges Dreieck
10 × Typ III: benachbartes spitzwinkliges und stumpfwinkliges Dreieck
5 × Typ IV: spitzwinkliges Dreieck mit den beiden benachbarten stumpfwinkligen Dreiecken
5 × Typ V: zwei sich gegenüberliegende spitzwinklige Dreiecke mit kleinem Fünfeck
5 × Typ VI: stumpfwinkliges Dreieck mit den beiden benachbarten spitzwinkligen Dreiecken, dem gegenüberliegenden spitzwinkligen Dreieck und dem kleinen Fünfeck

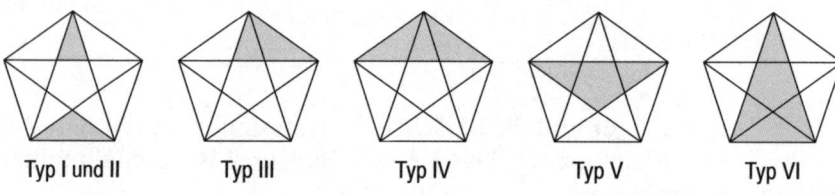

| Typ I und II | Typ III | Typ IV | Typ V | Typ VI |

Quelle: Henry Ernest Dudeney, The Strand Magazine 70, 1925, S. 668–670.

82. Produkt und Summe aus Einsen

Wenn man nach ganzen Zahlen sucht, die die gewünschten Eigenschaften besitzen, ist das Problem nicht lösbar. Allerdings ist diese Einschränkung in der Aufgabe nicht gemacht worden. Es sind auch Dezimalzahlen zugelassen.

Bezeichnen wir die beiden gesuchten Zahlen mit a und b, so sollen sie die Gleichung

$$a + b = a \cdot b$$

erfüllen. Nach b aufgelöst, ergibt sie

$$b = \frac{a}{a - 1}.$$

Die Zahlen a und b bestehen aus einer beliebigen Anzahl von Einsen und eventuell einem Dezimalkomma, das an irgendeiner Stelle stehen kann.

Schauen wir uns die nach b aufgelöste Gleichung ein wenig genauer an. Der Wert von a darf nicht 1 sein, da dann der Nenner des Bruches zu 0 würde. Der nächstgrößere mögliche Wert für a ist 1,1. Damit wird auch schon ein Lösungspaar gefunden: $1,1 + 11 = 1,1 \cdot 11$.

In dem Intervall $1,1 < a < 1,2$ erhält man mit der Gleichung Zahlen, für die $11 > b > 6$ gilt. In diesem Bereich für b gibt es keine einzige Zahl, die nur aus lauter Einsen besteht.

Die nächste Kandidatin für a, die größer als 1,2 ist, ist 11. Damit erhält man $b = 1,1$. Dieses Lösungspaar ist jedoch identisch mit dem zuerst gefundenen.

Für alle Zahlen $a > 11$ ist $1,1 > b > 1$. Da in diesem Intervall keine Zahlen auftreten, die nur Einsen als Ziffern haben, gibt es keine weiteren positiven Lösungen.

Schauen wir uns nun die negativen Werte von a an. Der erste, der in Frage kommt, ist $a = -1$. Aus ihm folgt $b = 0,5$. Für alle anderen negativen Zahlen, die nur aus Einsen bestehen, gilt $a < -1$ und somit

$0,5 > b > 1$. In diesem Intervall gibt es keine Zahlen, deren Ziffern ausschließlich Einsen sind. Das Problem hat folglich keine negativen Lösungen.

Quelle: Henry Ernest Dudeney, The Strand Magazine 56, 1918, S. 482–484.

83. Die Schnittpunkte der Diagonalen

Ein Dreieck hat keine Diagonalen und somit auch keine Schnittpunkte von Diagonalen. Bei einem konvexen n−Eck mit vier oder mehr Seiten kann man sich jede beliebige Auswahl von vier Ecken als die Eckpunkte eines Vierecks vorstellen.

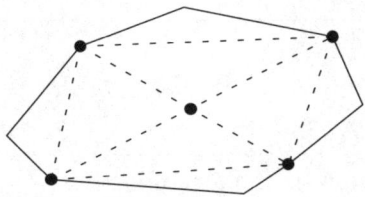

Dieses Viereck hat zwei Diagonalen, die sich in einem Punkt schneiden. Umgekehrt gehört zu jedem sich schneidenden Paar von Diagonalen genau ein Viereck.

Wie viele Möglichkeiten N gibt es, unter den n Ecken eines n−Ecks vier auszuwählen? Für die Wahl der ersten Ecke stehen alle n Ecken zur Verfügung. Für die zweite Ecke hat man danach nur noch $n − 1$ Ecken zur Auswahl, da die zuerst ausgesuchte Ecke nicht mehr frei ist. Für die dritte und vierte Ecke kann man nur unter $n − 2$ und $n − 3$ Ecken wählen. Insgesamt gibt es also $n(n − 1)(n − 2)(n − 3)$ Wahlmöglichkeiten für die vier Ecken.

Trotzdem ist dies noch nicht die gesuchte Anzahl von Kombinationen. Vier verschiedene Ecken können auf vierundzwanzig verschiedene Weisen aufgereiht werden. Diese jeweils vierundzwanzig Varianten sind bei den Wahlmöglichkeiten mitgezählt worden. Da aber für unser Problem die Reihenfolge der Ecken keine Rolle spielt, können wir die jeweils vierundzwanzig Varianten alle als gleich ansehen. Somit gibt es nur

$$N = \frac{n(n − 1)(n − 2)(n − 3)}{24}$$

mögliche Kombinationen von vier Eckpunkten und somit auch höchstens so viele Schnittpunkte von Diagonalen. Diese Höchstzahl von Schnittpunkten kann auch tatsächlich erreicht werden.

Quelle: Aufgabe: Paul Erdös, American Mathematical Monthly 53, Dezember 1946, S. 591. — Lösung: Norbert Kaufman und R. H. Koch, American Mathematical Monthly 54, Juni 1947, S. 344.

84. Fakultät und Quadrat

Um einen ersten Eindruck von

$$N = \sum_{i=1}^{n} i!$$

zu bekommen, betrachten wir $n!$ und N für einige kleine Werte von n.

n:	1	2	3	4	5	6	7	8	...
$n!$:	1	2	6	24	120	720	5040	40320	...
N:	1	3	9	33	153	873	5913	46233	...

Zwei Quadratzahlen sieht man sofort: Für $n = 1$ und für $n = 3$ erhält man $N = 1$ und $N = 9$.

Für alle Zahlen n, die größer als 4 sind, ist die Endziffer von $n!$ eine 0. Dies ist leicht einzusehen, da jede Fakultät ab 5! die beiden Faktoren 2 und 5 enthält, die zusammen 10 ergeben und die dafür sorgen, dass die letzte Ziffer eine 0 ist. Addiert man nun zu einer Zahl andere Zahlen, die alle auf 0 enden, so bleibt bei der Summe die Endziffer der ersten Zahl erhalten. Deshalb enden alle N auf einer 3, wenn n größer oder gleich 4 ist.

Eine Quadratzahl kann nicht jede der zehn Ziffern als Endziffer haben. Dies erkennt man sofort, wenn man nur die Endziffern beim Quadrieren von Zahlen betrachtet.

n:	...0	...1	...2	...3	...4	...5	...6	...7	...8	...9
n^2:	...0	...1	...4	...9	...6	...5	...6	...9	...4	...1

Es gibt also keine Quadratzahlen, die auf 3 enden. Darum kann auch

$$N = \sum_{i=1}^{n} i!$$

für $n \geq 4$ niemals eine Quadratzahl ergeben.

Quelle: Litton Industries (Hrsgr.), Problematical Recreations, Heft 5, Beverly Hills 1964, Aufgabe 38 (Das Heft ist nicht paginiert.). — In diesem Heft sind Aufgaben zusammengefasst, die zwischen 1959 und ca. 1964 in Anzeigen der Firma Litton Industries in den Zeitschriften „Aviation Week" und „Electronic News" erschienen. Wo und wann dieses Fakultätenproblem erschien, habe ich nicht feststellen können.

85. Teilbarkeit

Für die Teilbarkeit einer Zahl n durch 9 gibt es eine einfache und nützliche Regel.

Man bildet nach dieser Regel zunächst die Ziffernwurzel $Z(n)$, indem man die Quersumme $Q(n)$, also die Summe der Ziffern der Zahl, berechnet. Hat die Quersumme mehr als eine Stelle, bildet man die Quersumme der Quersumme $Q(Q(n))$. Dies wiederholt man solange, bis schließlich nur noch eine einzelne Ziffer, die Ziffernwurzel, übrigbleibt. Die Ziffernwurzel $Z(n)$ ist nun gleich dem Divisionsrest, der bleibt, wenn man n durch 9 teilt, oder sie ist genau 9, wenn n durch 9 teilbar ist.

Kommen wir nun zur eigentlichen Lösung des Problems. Wir nehmen vorerst einmal an, es gäbe unter den siebenstelligen Zahlen aus der Aufgabe zwei Zahlen m und n, von denen sich n ohne Rest durch m teilen ließe. Um zu zeigen, dass diese Annahme falsch ist, betrachten wir die Differenz $n - m$ dieser beiden Zahlen. Diese Differenz ist durch m teilbar, denn wenn $n/m = p$ ist, so muss $n - m = m(p - 1)$ sein.

Wenn die Divisionsreste r zweier Zahlen u und v bei der Teilung durch 9 gleich sind, so ist ihre Differenz $u - v$ ohne Rest durch 9 teilbar.

$$u = 9p + r$$
$$v = 9q + r$$

Setzt man diese Ausdrücke in $u - v$ ein, sieht man dies sofort.

$$u - v = 9(p - q)$$

Die Quersummen von m und n sind beide $1 + 2 + \ldots + 7 = 28$ und damit ihre Ziffernwurzeln beide 1. Folglich ist $n - m$ ein Vielfaches von 9.

Weil m selbst aber nicht durch 9 teilbar ist, muss $n - m$ ein Vielfaches des Produkts $9m$ sein. Das kleinstmögliche m ist 1234567, woraus folgt, dass $9m \geqslant 11111103$ ist. Das heißt, die siebenstellige Differenz $n - m$ ist ein Vielfaches einer mindestens achtstelligen Zahl. Das ist natürlich unmöglich, darum muss die Annahme falsch sein, dass es zwei Zahlen gibt unter den siebenstelligen Zahlen aus der Aufgabe, die einander teilen.

Quelle: E. B. Dynkin, S. A. Molchanov, A. C. Rozental und A. K. Tolpygo, Mathematical Problems: An Anthology, New York 1967, S. 10−11, 38.

86. Das Seil um den Äquator

Wir bezeichnen den Radius der Erde mit R und ihren Umfang mit U. Das Seil, das ursprünglich die Länge U hat, wird um $\Delta U = 1$ m auf U' verlängert.

$$U' = U + \Delta U = 2\pi R + \Delta U$$

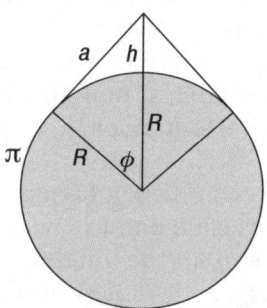

Das verlängerte und mit einem Stab gestraffte Seil liegt, im Bogenmaß gerechnet, in einem Winkelbereich von $2\pi - 2\phi$ direkt auf dem Äquator. Es berührt ihn also auf einer Länge vom $(2\pi - 2\phi)/2\pi$−ten Teil eines Erdumfangs. An zwei Stellen verlässt das Seil tangential die Erdoberfläche, um auf zwei geraden Strecken der Länge a zur Spitze des Stabes zu laufen. Die Seillänge lässt sich folglich auch schreiben als

$$U' = 2\pi R \cdot \frac{2\pi - 2\phi}{2\pi} + 2a \,.$$

Setzt man die beiden Ausdrücke für U' gleich, erhält man

$$2\pi R + \Delta U = 2\pi R \cdot \left(1 - \frac{\phi}{\pi}\right) + 2a \,.$$

Die beiden geraden Seilstücke stehen beim Berühren des Äquators senkrecht auf den Erdradien. Deshalb gilt für sie:

$$a = R \tan \phi$$

Setzt man auch dies noch ein, so vereinfacht sich die Seillängengleichung zu

$$\tan \phi - \phi - \frac{\Delta U}{2R} = 0 \,.$$

Diese Gleichung hat den Nachteil, dass sie sich nicht nach ϕ auflösen lässt. Man kann sie nur numerisch lösen. Mit einem gewöhnlichen Taschenrechner ist das aber kein Problem. (Ein einfaches numerisches Verfahren wird im Anhang erklärt.) Man bekommt damit den Wert $\phi \approx 0,0061724$.

Die Länge des Stabes erhält man daraus mit der Kosinusfunktion:

$$\cos \phi = \frac{R}{R + h}$$

oder

$$h = R\left(\frac{1}{\cos \phi} - 1 \right).$$

Setzt man in diese Gleichung die Werte von R und ϕ ein, ergibt sich $h \approx 121{,}51$ m. Dieser Stab, den man benötigt, um das Äquatorseil zu spannen, ist also schon ein ausgewachsener Turm.

Quelle: Aufgabe: Harry Langman, American Mathematical Monthly 41, Juni–Juli 1934, S. 390. — Lösung: E. C. Kennedy, American Mathematical Monthly 42, Januar 1935, S. 46–47.

87. Die Differenz

Haben Sie als Ergebnis $-0{,}1$ erhalten? Dann haben Sie sich durch Holmes' Gerede über das Vorzeichen vom eigentlichen Problem ablenken lassen.

Stellt man die beiden Zahlen nicht durch Wörter, sondern durch Ziffern dar, wird alles sofort klar:

null Komma neun minus null Komma zehn $= 0{,}9 - 0{,}10 = 0{,}8$

Quelle: Markus Götz, in diesem Buch.

88. Drei Spielkarten

Alfred, Berta und Carl können sich leicht überlegen, dass es die folgenden acht Möglichkeiten für die Werte der drei Karten gibt:

♠1, ♠2, ♠10
♠1, ♠3, ♠9
♠1, ♠4, ♠8
♠1, ♠5, ♠7
♠2, ♠3, ♠8
♠2, ♠4, ♠7
♠2, ♠5, ♠6
♠3, ♠4, ♠6

Hätte Alfred, als er sich die linke Karte angeschaut hat, eine Pik 3 gesehen, so hätte er gewusst, dass die beiden anderen Karten eine Pik 4 und eine Pik 6 gewesen wären. Da er aber sagte, er wisse nicht, welches die beiden anderen Karten seien, kann er keine Pik 3 gesehen haben. Damit wissen natürlich auch Berta und Carl, dass die linke Karte entweder ein Pik Ass oder eine Pik 2 ist.

Es bleiben also noch folgende Möglichkeiten übrig, die hier nach der Größe der rechten Karte geordnet sind:

♠2, ♠5, ♠6
♠2, ♠4, ♠7
♠1, ♠5, ♠7
♠2, ♠3, ♠8
♠1, ♠4, ♠8
♠1, ♠3, ♠9
♠1, ♠2, ♠10

Die rechte Karte kann keine Pik 6, Pik 9 oder Pik 10 sein, denn sonst hätte Berta sich die Werte der beiden anderen Karten überlegen können. Sie kommen also nur die Pik 7 oder Pik 8 in Frage.

Nun bleiben für Carl noch vier Möglichkeiten übrig, die hier nach der Größe der mittleren Karte geordnet sind.

♠2, ♠3, ♠8
♠1, ♠4, ♠8
♠2, ♠4, ♠7
♠1, ♠5, ♠7

Die mittlere Karte kann keine Pik 3 oder Pik 5 sein, denn sonst hätte Carl auch die Werte der beiden anderen Karte gewusst. Folglich ist sie eine Pik 4, und die linke und die rechte Karte sind ein Pik Ass und eine Pik 8 oder eine Pik 2 und eine Pik 7.

Quelle: Aufgabe: bxb237, rec.puzzles, Internet. — Lösung: jere7my tho?rpe, rec.puzzles, Internet, 18. November 1999.

89. Die Quadrate im Punktekreuz

Man kann einundzwanzig Quadrate, deren Ecken mit den Punkten zusammenfallen, in das Muster zeichnen. Der Übersichtlichkeit halber sind sie hier auf fünf Figuren verteilt worden.

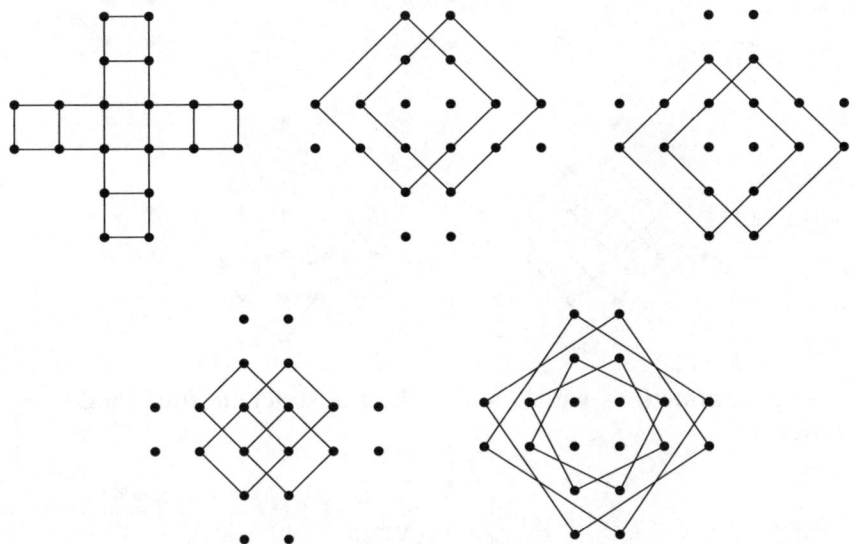

Quelle: Professor Hoffmann (Pseudonym für Angelo Lewis), Puzzles Old and New, London 1893, S. 274, 287. Hoffmann stellt die Aufgabe in folgender Form: „Ordne zwanzig Punkte so an, dass sie die Ecken von dreizehn Quadraten bilden." Er gibt als Lösung das hier gezeigte Punktekreuz und schreibt dazu, es enthalte siebzehn Quadrate. Seine Zeichnung zeigt jedoch nur die dreizehn Quadrate, die hier in der ersten und der vierten Skizze dargestellt sind. — Henry Ernest Dudeney, The Strand Magazine 38, 1909, S. 82—87, 240—242. Dudeney stellt die Aufgabe in der hier dargestellten Form. Er findet jedoch nur neunzehn Lösungen. Die beiden kleinen Quadrate aus der fünften Skizzen fehlen bei ihm. — Martin Gardner, Scientific American 214, Mai 1966, S. 122—123, 124. Gardner stellt die Aufgabe in der hier dargestellten Form. — Martin Gardner, Scientific American 214, Juni 1966, S. 120. Gardner gibt alle einundzwanzig Lösungen an.

90. Das quadratlose Punktekreuz

Es reicht aus, sechs Punkte aus dem Kreuz zu entfernen, damit sich kein Quadrat mehr einzeichnen lässt, dessen Ecken alle auf Punkten liegen. Der Übersichtlichkeit halber sind die denkbaren Quadrate wieder auf fünf Figuren verteilt worden.

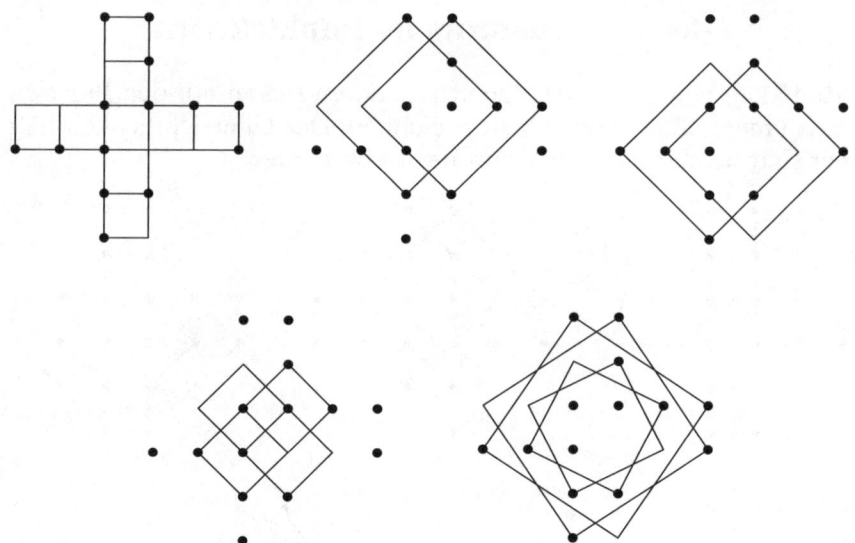

Angenommen, es würde auch schon ausreichen, fünf Punkte zu entfernen.

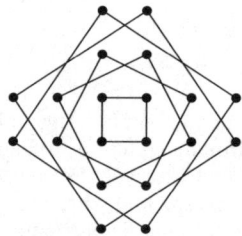

Die fünf in das Kreuz eingezeichneten Quadrate lassen sich dann nur zerstören, wenn man von jedem genau einen Punkt entfernt. Die anderen drei Eckpunkte jedes Quadrats bleiben also stehen. Von dem kleinen Quadrat in der Mitte des Kreuzes möge der obere linke Punkt entfernt werden. (Wegen der Rotationssymmetrie des Kreuzes sind alle vier Punkte dieses Quadrats gleichwertig.)

In der nächsten Zeichnung sind auch fünf Quadrate eingezeichnet. Aus den Überlegungen der vorherigen Zeichnung ergibt sich, dass von den vier mittleren Punkten des Kreuzes der obere linke fehlt und dass die anderen drei – sie sind weiß gezeichnet – nicht entfernt werden dürfen. Dadurch ist es aber unmöglich geworden, durch die Fortnahme von nur vier weiteren Punkten alle fünf Quadrate zu zerstören. Folglich muss man mindestens sechs Punkte aus dem Kreuz herausnehmen, um kein Quadrat mehr einzeichnen zu können.

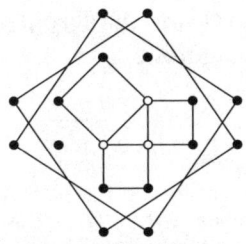

Quelle: Aufgabe und Beweis, dass man das Problem durch sechs entfernte Punkte lösen kann: Professor Hoffmann (Pseudonym für Angelo Lewis), Puzzles Old and New, London 1893, S. 274, 287. Obwohl Hoffmann nur siebzehn Quadrate in dem Punktekreuz entdeckt hat, zerstört seine Lösung alle einundzwanzig Quadrate. — Beweis, dass das Problem sich nicht durch weniger als sechs entfernte Punkte lösen lässt: Helmut Postl, in diesem Buch.

91. Der Knick im Geldschein

Wir nehmen an, dass x die lange und y die kurze Geldscheinseite ist.

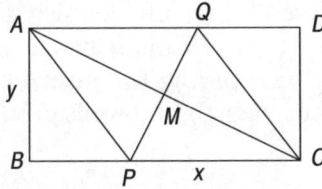 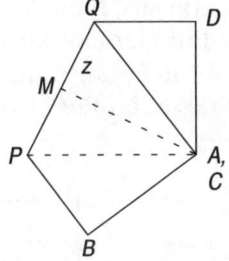

Wegen der Symmetrie müssen die Strecken AP, AQ, CP und CQ gleich lang sein. Der Knick PQ und die Diagonale AC halbieren sich also gegenseitig und unter rechten Winkeln. Da die Dreiecke AMQ und ACD rechtwinklig sind und bei A denselben Winkel haben, sind sie einander ähnlich. Das heißt

$$\frac{MQ}{DC} = \frac{AM}{AD}$$

oder

$$2 \cdot MQ = 2 \cdot AM \cdot \frac{DC}{AD}.$$

Die Strecken DC und AD sind die Rechteckseiten x und y, und die Strecke $2 \cdot AM$ ist die Diagonale $\sqrt{x^2 + y^2}$. Daraus ergibt sich die Knicklänge z.

$$z = \frac{y}{x}\sqrt{x^2 + y^2}$$

Quelle: Aufgabe: Bernard J. Battersby und Joseph S. Madachy, Recreational Mathematics Magazine, Nr. 6, Dezember 1961, S. 47. — Lösung: Bernard J. Battersby und Joseph S. Madachy, Recreational Mathematics Magazine, Nr. 7, Februar 1962, S. 53.

92. Der Weg durch das Punktequadrat

Um 2×2 Punkte oder 3×3 Punkte miteinander in einem Zug zu verbinden, benötigt man drei beziehungsweise vier gerade Linien.

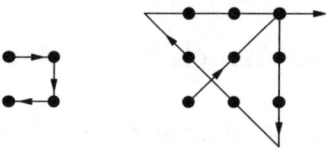

Es reicht nun aus, für jeden weiteren Punkt, um den sich die Seitenlängen des Punktequadrates erhöht, zwei Linien hinzuzunehmen. Dazu braucht man den Linienzug nur spiralig fortzusetzen. (In der Skizze sind die neun Punkte der Ausgangsfigur jeweils grau gezeichnet.)

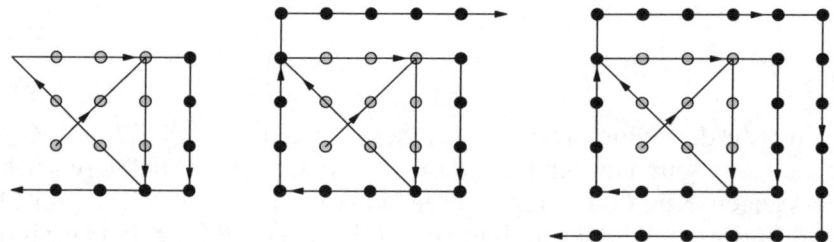

Falls $n \geq 3$ ist, kann man also alle Punkte in einem $n \times n$–Quadrat jedenfalls durch

$$N_{\max} = 4 + 2(n - 3) = 2(n - 1)$$

Linien miteinander verbinden.

Geht es vielleicht auch mit weniger Linien?

Ein Linienzug setzt sich immer aus horizontalen, vertikalen und schrägen Linien zusammen. Angenommen, in einem $n \times n$—Quadrat besteht der Linienzug aus H horizontalen, V vertikalen und S schrägen Linien. Lassen wir zunächst einmal die schrägen Linien außer Acht. Dann gibt es $h = n - H$ horizontale Punktreihen ohne horizontale Linie und $v = n - V$ vertikale Punktreihen ohne vertikale Linie. Folglich werden mindestens $h \cdot v$ Punkte von keiner Linie geschnitten. In der Beispielskizze sind diese Punkte weiß gefärbt. Diese ungeschnittenen Punkte liegen innerhalb eines Rechtecks, das in der Skizze grau unterlegt ist.

Falls v und h beide größer sind als 1, hat dieses Rechteck

$$2h + 2v - 4 = 2(h + v - 2)$$

ungeschnittene Punkte auf seinem Umfang. Eine schräge Linie kann höchstens zwei dieser ungeschnittenen Umfangspunkte schneiden. Damit alle ungeschnittenen Umfangspunkte geschnitten werden, sind also wenigstens

$$S = h + v - 2$$

schräge Linien notwendig. Somit besteht der vollständige Linienzug aus insgesamt mindestens

$$H + V + S = (n - h) + (n - v) + (h + v - 2) = 2(n - 1)$$

Linien.

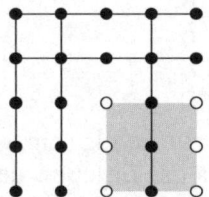

Falls $v = 1$ und $h \geq 1$ ist, so liegen die h ungeschnittenen Punkte auf einer Linie, und es sind h schräge Linien notwendig, um jeden davon zu schneiden. Der gesamte Linienzug besteht dann folglich mindestens aus

$$H + V + S = (n - h) + (n - 1) + h = 2n - 1$$

Linien.

Falls umgekehrt $h = 1$ und $v \geq 1$ ist, besteht der Linienzug aus dem gleichen Grund auch aus mindestens $2n - 1$ Linien.

Falls entweder $h = 0$ oder $v = 0$ ist, so gibt es unter Umständen keine ungeschnittenen Punkte, doch die n parallelen Linien müssen durch $n - 1$ weitere Linien untereinander verbunden werden. Folglich setzt sich auch in diesem Fall der Linienzug aus mindestens $2n - 1$ Linien zusammen.

Um alle Punkte eines $n \times n$—Quadrats in einem Zug miteinander zu verbinden, sind also mindestens

$$N_{min} = 2(n - 1)$$

Linien notwendig.

Da die Minimalzahl N_{min} gleich der Maximalzahl N_{max} ist, kommt man, außer für $n = 2$, immer mit genau $2(n - 1)$ Linien aus.

Quelle: Aufgabe: Murray S. Klamkin, American Mathematical Monthly 61, Juni 1954, S. 423. — Lösung: Beweis, dass $2(n - 1)$ Linien ausreichen: Murray S. Klamkin, American Mathematical Monthly 62, Februar 1955, S. 124. — Beweis, dass es nicht mit weniger als $2(n - 1)$ Linien möglich ist: John L. Selfridge, American Mathematical Monthly 62, Juni 1955, S. 443.

93. Zehn Gleichungen

$$A \cdot B = B$$
$$B \cdot C = AC$$
$$C \cdot D = BC$$
$$D \cdot E = CH$$
$$E \cdot F = DK$$
$$F \cdot H = CJ$$
$$H \cdot J = KJ$$
$$J \cdot K = E$$
$$K \cdot L = L$$
$$A \cdot L = L$$

Die erste Gleichung kann nur richtig sein, wenn $A = 1$ oder $B = 0$ ist. B kann aber nicht 0 sein, da das Ergebnis der zweiten Gleichung sonst einstellig sein müsste. Folglich ist $A = 1$.

Aus der vorletzten Gleichung folgt, dass $K = 1$ oder $L = 0$ ist. Da A jedoch schon 1 ist, muss $L = 0$ sein.

Das Ergebnis der zweiten Gleichung ist eine Zahl von 12 bis 19, die ein Vielfaches ihrer Endziffer sein muss. Dafür kommen nur $6 \cdot 2 = 12$ und $3 \cdot 5 = 15$ in Frage. Somit muss das Ergebnis der dritten Gleichung entweder 62 oder 35 und auch wiederum durch ihre Endziffer teilbar sein. Dies gilt zwar für beide Zahlen — $2 \cdot 31 = 62$ und $5 \cdot 7 = 35$ —, dennoch scheidet 62 aus, denn sonst müsste die Ziffer D die zweistellige Zahl 31 sein. Also ist $B = 3$, $C = 5$ und $D = 7$.

Das zweistellige Ergebnis der vierten Gleichung beginnt mit einer 5 und ist ein Vielfaches von 7. Dafür gibt es nur eine Möglichkeit: $7 \cdot 8 = 56$. Folglich ist $E = 8$ und $H = 6$.

Die fünfte Gleichung ergibt mit der gleichen Überlegung $F = 9$ und $K = 2$, und aus der sechsten Gleichung erhält man schließlich noch $J = 4$.

Quelle: C. E. B. in: Henry Ernest Dudeney, The Strand Magazine 76, 1928, S. 104, 208.

94. Dreieckzerlegung in Dreiecke

Der stumpfe Winkel des Dreiecks muss mindestens durch eine Linie in zwei spitze geteilt werden. Die Linie darf aber nicht bis zur gegenüberliegenden Seite durchgehen, da man sonst zwei Dreiecke erhielte, von denen mindestens eines nicht spitzwinklig wäre. Man hätte dann immer noch das gleiche Problem wie vorher und außerdem noch ein zusätzliches Dreieck.

Die Linie muss also im Inneren des Dreiecks enden. An diesem Endpunkt müssen mindestens fünf Dreiecke aufeinandertreffen, denn bei weniger Dreiecken wäre mindestens eines nicht spitzwinklig. Daraus folgt, dass wenigstens sieben spitzwinklige Dreiecke notwendig sind, um das stumpfwinklige Dreieck zu unterteilen.

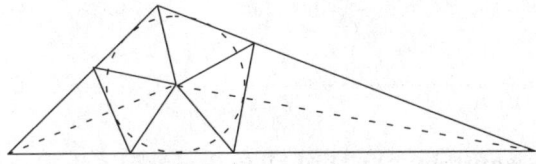

Sieben spitzwinklige Dreiecke reichen aber auch immer aus, denn folgende Konstruktion funktioniert mit jedem stumpfwinkligen Dreieck.

In das Dreieck wird der Inkreis gezeichnet. Sein Mittelpunkt ist der Schnittpunkt der Winkelhalbierenden. Im Schnittpunkt der Winkelhalbierenden der beiden spitzen Winkel mit dem Inkreis werden Tangenten an den Kreis gezeichnet. Diese Tangenten bilden zwei Seiten eines Fünfecks, das denselben Inkreis hat wie das stumpfwinklige Dreieck. Zum Schluss werden noch die Winkelhalbierenden des Fünfecks eingezeichnet, die sich auch im Inkreismittelpunkt treffen.

Die beiden Dreiecke, die nicht zum Fünfeck gehören, sind gleichschenklig und der von den beiden gleichen Schenkeln eingeschlossene Winkel ist spitz. Folglich können die Dreiecke nicht stumpfwinklig sein. Daraus ergibt sich außerdem, dass alle Fünfeckswinkel größer als 90° sind.

Ein Dreieck ist spitzwinklig, wenn zwei seiner spitzen Winkel jeweils größer als 45° sind. Da die Fünfeckswinkel alle größer als 90° sind und sie durch die Dreiecksseiten genau halbiert werden, ist jeder dieser Dreieckswinkel größer als 45°. Folglich kann kein Dreieck aus diesem Fünfeck stumpfwinklig sein.

Quelle: Aufgabe: Hans Freudenthal, Euclides 34, Heft VII, 1958/59, S. 223. — Lösung: Anonymus, Euclides 34, Heft VIII, 1958/59, S. 256. Es wird eine Zerlegung in sieben spitzwinklige Dreiecke angegeben und ohne Beweis behauptet, dies sei die Minimalzahl. — Wigand, Praxis der Mathematik 2, Heft 10, Januar 1960, S. 22−23. Wigand beweist, dass sieben Dreiecke die Minimalzahl sind.

95. Eine zweite Dreieckzerlegung

Um den Schnittpunkt I der drei Winkelhalbierenden wird ein Kreis geschlagen, dessen Umfang durch die stumpfe Ecke B läuft. Der Kreis schneidet die Dreiecksseiten in den vier Punkten U, V, X und Y.

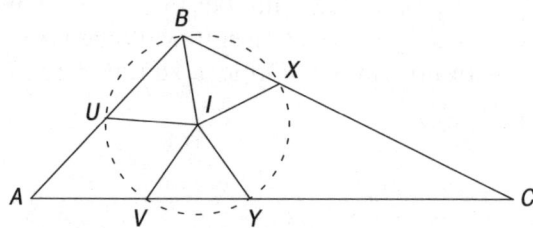

Da der Kreismittelpunkt I auf allen drei Winkelhalbierenden liegt, schneidet der Umfang aus den Dreiecksseiten die gleich langen Stücke BU, BX und VY heraus. Die Strecken IB, IU, IV, IY und IX sind Kreisradien und somit auch gleich lang. Folglich sind die drei Dreiecke $\triangle BIU$, $\triangle VIY$ und $\triangle BIX$ gleichschenklig und außerdem auch deckungsgleich.

Die beiden Dreiecke $\triangle BIU$ und $\triangle BIX$ stoßen an der Ecke B zusammen, deshalb betragen ihre Winkel dort jeweils $B/2 < 90°$. Daraus folgt, dass die Winkel der drei Dreiecke an der Ecke I je $180° - B < 90°$ groß sind.

Auch die beiden Dreiecke $\triangle UAV$ und $\triangle XCY$ sind gleichschenklig, weil I auf den Winkelhalbierenden von A und C liegt. Außerdem sind sie spitzwinklig. Ihre Winkel A und C sind jedoch im Allgemeinen unterschiedlich groß.

Die Dreiecke $\triangle UIV$ und $\triangle XIV$ sind gleichschenklig, weil ihre Seiten IU, IV, IX und IY Kreisradien sind. Aus der Tatsache, dass die drei

Winkel an den Ecken V und Y zusammen jeweils 180° ergeben, erhält man, dass die Dreieckswinkel an der Ecke I die Werte $B - A$ bzw. $B - C$ haben.

Dies bedeutet, ein stumpfwinkliges Dreieck kann nach diesem Verfahren immer dann in sieben spitzwinklige, gleichschenklige Dreiecke zerlegt werden, wenn $B - A < 90°$ und $B - C < 90°$ ist.

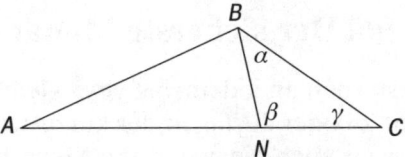

Falls $B - A \geq 90°$ oder $B - C \geq 90°$ ist, wählen wir auf der Seite AC einen Punkt N so, dass das Dreieck $\triangle BAN$ gleichschenklig ist. (Dabei sollen die Eckenbezeichnungen des ursprünglichen Dreiecks so gewählt sein, dass $A \leq C$ ist.)

Da das Dreieck $\triangle BAN$ gleichschenklig ist, haben die beiden gleichen Winkel den Wert $90° - A/2$. Daraus ergibt sich für die Winkel des Dreiecks $\triangle BNC$:

$$\alpha = 90° - \frac{A}{2} - C$$

$$\beta = 90° + \frac{A}{2}$$

$$\gamma = C$$

Hieraus folgt:

$$\beta - \alpha = A + C$$

$$\beta - \gamma = 90° + \frac{A}{2} - C$$

Da die Winkelsumme im Dreieck immer $A + B + C = 180°$ beträgt und B größer als 90° ist, gilt $A + C < 90°$. Die Bezeichnungen des Dreiecks haben wir so gewählt, dass $A \leq C$ ist. Folglich muss $90° + A/2 - C \leq 90°$ sein.

$$\beta - \alpha < 90°$$

$$\beta - \gamma < 90°$$

Dies bedeutet, das Teildreieck $\triangle BNC$ kann nach dem oben beschriebene Verfahren immer in sieben spitzwinklige, gleichschenklige Dreiecke unterteilt werden. Damit ist auch gezeigt, dass sich jedes beliebige stumpfwinklige Dreieck in höchstens acht spitzwinklige, gleichschenklige Dreiecke zerlegen lässt.

Es ist übrigens bewiesen worden, dass man im allgemeinen Fall ein stumpfwinkliges Dreieck nicht in weniger als acht spitzwinklige, gleichschenklige Dreiecke unterteilen kann. Der Beweis würde allerdings den Umfang dieses Buches sprengen.

Quelle: Verner E. Hoggatt und Russ Denman, American Mathematical Monthly 68, November 1961, S. 912–913. — Beweis, dass acht Dreiecke das Minimum sind: Free Jamison, American Mathematical Monthly 69, Juni–Juli 1962, S. 550–552.

96. Der sicherste Monat

Weltweit gesehen sterben an jedem Tag etwa gleich viele Menschen. Da der Februar mit 28 oder 29 Tagen der kürzeste Monat des Jahres ist, sterben im Februar auch die wenigsten Menschen. Folglich ist er der sicherste Monat des Jahres.

Quelle: Heinrich Hemme, in diesem Buch.

97. Amerika

Die Wörter „Amerika" und „endete" begannen immer schon mit einem „A" bzw. einem „e".

Quelle: E. Hadiman–Julius, Problems, Puzzles and Brain–teasers, Girard 1937, S. 18, 29.

98. Eine seltsame Kugel

Für die Oberfläche A und das Volumen V einer Kugel gilt:

$$A = 4\pi r^2$$

$$V = \frac{4}{3}\pi r^3$$

Damit V ein ganzzahliges Vielfaches von π in Kubikzentimetern ergeben kann, muss $4r^3/3$ eine natürliche Zahl sein. Dies ist nur möglich, wenn r durch 3 teilbar ist.

A und V sollen vierstellige Vielfache von π in Kubikzentimetern sein. Das heißt:

$$1000\pi \leq 4\pi r^2 \leq 9999\pi$$

$$1000\pi \leq \frac{4}{3}\pi r^3 \leq 9999\pi$$

Diese beide Ungleichungen kann man nach r auflösen.

$$15 < r < 50$$

$$9 < r < 20$$

Der Radius muss also größer als 15 und kleiner als 20 sein. Die einzige durch 3 teilbare ganze Zahl in dem Intervall ist 18. Dies ist auch die Lösung. Somit hat die Kugel eine Oberfläche von 1296π cm^2 und ein Volumen von 7776π cm^3.

Quelle: Litton Industries (Hrsgr.), Problematical Recreations, Heft 7, Beverly Hills 1965, Aufgabe 34 (Das Heft ist nicht paginiert.). — In diesem Heft sind Aufgaben zusammengefasst, die zwischen 1959 und ca. 1965 in Anzeigen der Firma Litton Industries in den Zeitschriften „Aviation Week" und „Electronic News" erschienen. Wo und wann dieses Problem erschien, habe ich nicht feststellen können.

99. Austeilen der Bridgekarten

Normalerweise nehmen Sie die Karten jeweils oben vom Päckchen und verteilen sie im Uhrzeigersinn, beginnend bei Ihren linken Nebenmann und endend bei sich selbst. Sie können die Karten aber auch „rückwärts" verteilen: Sie nehmen die Karten jeweils unten vom Päckchen und verteilen sie gegen den Uhrzeigersinn, beginnend bei sich selbst und endend bei ihren linken Nebenmann. Welches Verfahren Sie wählen, spielt keine Rolle, jeder Mitspieler bekommen in beiden Fällen genau die gleichen Karten.

Das unterbrochene Verteilen der Karten können Sie folglich leicht korrekt zu Ende führen, in dem Sie den Rest der Karten einfach „rückwärts" ausgeben.

Quelle: Aufgabe: Martin Gardner, Games 2, Januar–Februar 1978, S. 16. — Lösung: Martin Gardner, Games 2, März–April 1978, S. 60.

100. Die Streichholzgleichung

Ein Streichholz aus dem Zähler der Bruches wird so auf die beiden Hölzer der rechten Gleichungsseite gelegt, dass der griechische Buchstabe π entsteht.

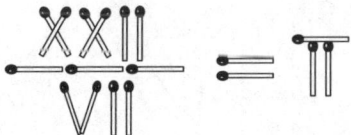

Der Wert des Bruches beträgt nun $22/7 = 3,\overline{142857}$ und weicht damit von der Kreiszahl $\pi = 3,141592...$ nur um etwa $0,4025‰$ ab.

Quelle: Maxey Brooke, Tricks, Games and Puzzles with Matches, New York 1975, S. 28, 58.

Anhang

Die Halbierungsmethode

Manche Gleichungen, wie beispielsweise $\tan x - x/2 = 1/2$, lassen sich nicht nach der gesuchten Größe x auflösen. Trotzdem kann es natürlich für x Werte geben, die die Gleichung erfüllen. In so einem Fall kann man das Problem nur numerisch lösen.

Es gibt zahlreiche numerische Methoden. In diesem Anhang werde ich Ihnen eine davon vorstellen. Sie wird Halbierungsverfahren genannt und ist keine von den besonders schnellen mathematischen Methoden, dafür aber sehr einfach und für die meisten Probleme völlig ausreichend.

Bei dem Halbierungsverfahren werden zunächst einmal alle Terme der Gleichung auf eine Seite gebracht. Dadurch erhalten wir eine Funktion von x, deren Funktionswert wir y nennen wollen.

$$y = f(x)$$

Unser Beispiel bekommt dadurch die Form

$$y = \tan x - \frac{x}{2} - \frac{1}{2}.$$

Nun kann man die ursprüngliche Aufgabe etwas anders formulieren: Wir suchen die Werte von x, für die $y = 0$ ist, das heißt, wir suchen die Nullstellen der Funktion.

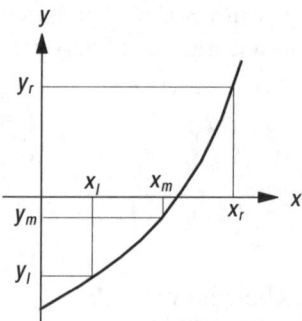

Als ersten Schritt bei der Bestimmung der Nullstelle zeichnen wir eine grobe Skizze der Funktion, indem wir mit dem Taschenrechner

130

einige Funktionswerte berechnen. Danach können wir meistens erkennen, ob es überhaupt Nullstellen gibt und wenn ja, wie viele es sind. Falls es eine Nullstelle x_0 gibt, so wählen wir auf der x–Achse ein Intervall, das links von x_l und rechts von x_r begrenzt wird und von dem wir sicher sind, dass es die Nullstelle x_0 enthält.

Nun bestimmen wir den Punkt x_m, der genau in der Mitte des Intervalls liegt.

$$x_m = \frac{x_l + x_r}{2}$$

Anschließend berechnen wir mit dem Taschenrechner die Funktionswerte y_l, y_m und y_r von x_l, x_m und x_r.

Der Mittelwert x_m teilt das Intervall $[x_l,x_r]$ in zwei Teilintervalle $[x_l,x_m]$ und $[x_m,x_r]$. Die Nullstelle x_0 liegt in dem Teilintervall, bei dem die Funktionswerte der beiden Grenzen y_l und y_m bzw. y_m und y_r entgegengesetzte Vorzeichen haben. In unserem Beispiel ist dies das Intervall $[x_m,x_r]$.

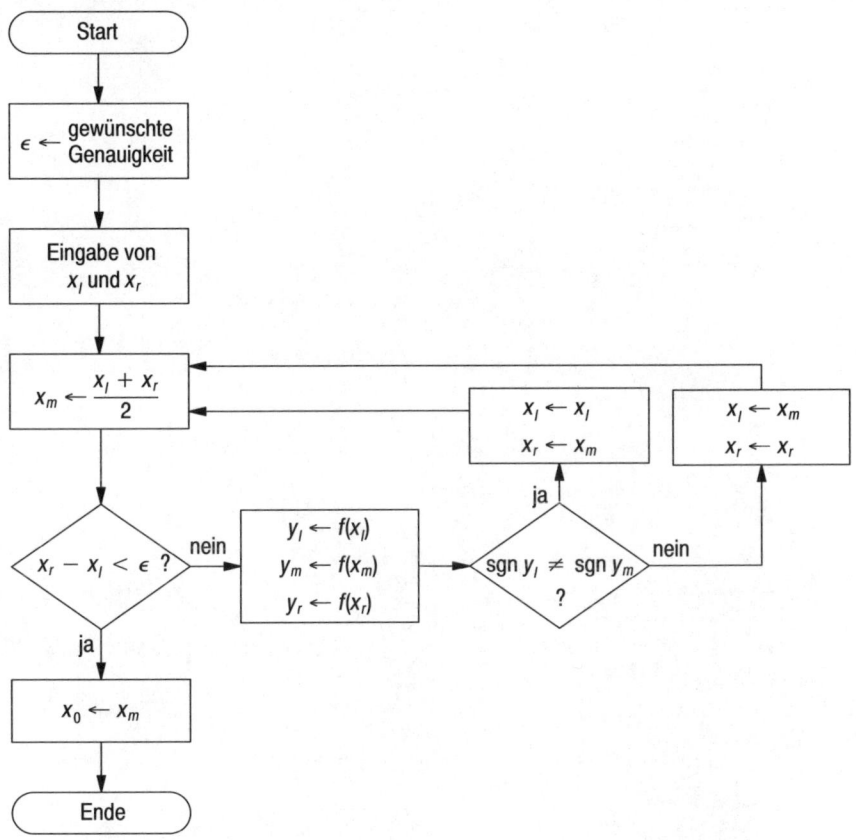

Das Teilintervall, in dem sich die Nullstelle befindet, wird zu unserem neuen Ausgangsintervall, mit dem wir die Halbierungsprozedur von neuem beginnen.

Dieses Verfahren wiederholen wir so oft, bis wir mit dem Mittelwert nahe genug an der Nullstelle sind. Das geht für unsere Genauigkeitsansprüche eigentlich recht schnell, denn schon nach zehn Halbierungsschritten ist die Intervallbreite auf weniger als ein Tausendstel und nach zwanzig Schritten auf weniger als ein Millionstel der ursprünglichen Breite geschrumpft.

Weitere Bände von Heinrich Hemme

Heinrich Hemme
Die Quadrate des Teufels
112 mathematische Rätsel mit ausführlichen Lösungen

Dieses Buch ist eine Sammlung unterhaltsamer Denksportaufgaben mit ausführlichen Lösungen aus allen Bereichen der Mathematik: Geometrie, Topologie und Zahlentheorie gehören ebenso zum Spektrum wie Logik, Kombinatorik und Algebra. Aber auch mathematische Scherzaufgaben, logische Spitzfindigkeiten und optische Spielereien sind vertreten. Dennoch reichen zur Lösung der Probleme Schulkenntnisse der Mathematik völlig aus, und ein größerer Rechenaufwand ist niemals erforderlich.

Beispiel
Nach einer alten persischen Sage geriet der Mathematiker und Astronom Abu'l-Wafa, der im 10. Jahrhundert lebte, einst in große Not. Die Schulden drückten ihn schwer und seine Gläubiger drohten, ihn in den Kerker werfen zu lassen. Da kam eines Nachts der Teufel zu ihm, stellte eine Truhe mit Gold auf den Tisch und sagte:
„Dieses Gold schenke ich dir, wenn du mir ein Rätsel löst. Schaffst du es aber nicht, so folgst du mir in die Hölle."
Abu'l-Wafa war mit dem Handel einverstanden, und der Teufel stellte seine Aufgabe: „Zerschneide drei gleiche Quadrate so, dass du alle Stücke anschließend zu einem einzigen größeren Quadrat zusammenfügen kannst."
Der Teufel erwartete, dass sein Opfer das Rätsel nicht lösen konnte, aber Abu'l-Wafa war nicht umsonst der größte Mathematiker seines Landes. Er fand im Nu eine Lösung, und zerschnitt die drei Quadrate in neun Teile. Dazu halbierte er zuerst zwei Quadrate diagonal und setzte sie symmetrisch an das dritte Quadrat. Die rechtwinkligen Ecken der Dreiecke verband er dann durch Linien zum neuen großen Quadrat. Schließlich musste er noch die vier überstehenden Stücke der Dreiecke kappen und in die Lücken des großen Quadrats setzen.
Der Teufel ging leer aus, und Abu'l-Wafa war für alle Zeit seine Sorgen los.

Heinrich Hemme bei V&R

Mathematik zum Frühstück

89 mathematische Rätsel mit ausführlichen Lösungen

2., neubearbeitete Auflage 2003. 124 Seiten mit zahlreichen Zeichnungen, kartoniert. ISBN 3-525-40734-3

„Mathematikaufgaben, wie man sie nicht von der Schule her kennt – unterhaltsam für eine Vertretungsstunde, zur Motivation oder einfach für die Pause, also zum Frühstück. Die Aufgaben sind verschieden schwierig, aber allen ist gemeinsam, dass man immer ohne großen Rechenaufwand zum Ziel kommt, wenn man den richtigen Kniff findet.
In dem Buch wird ein weites Spektrum der Gebiete der Mathematik durchstreift: Zahlentheorie, Kombinatorik und Algebra sind ebenso vertreten wir Geometrie, Topologie und Logik. Bis auf wenige Ausnahmen reichen jedoch die normale Schulmathematik und der gesunde Menschenverstand aus, um die Probleme zu knacken. Selbstverständlich sind die Lösungen enthalten."
Der berufliche Bildungsweg

„Wer Freude an Denksportaufgaben hat, der kommt mit dem Buch ‚Mathematik zum Frühstück' von Heinrich Hemme voll auf seine Kosten und das bei geringen Unkosten ..."
LABO

Das Hexeneinmaleins

100 mathematische Rätsel mit ausführlichen Lösungen

2., verbesserte Auflage 2003. 120 Seiten mit zahlreichen Abbildungen, kartoniert
ISBN 3-525-40738-6

„Das meiste ist mit den Grundrechenarten zu erledigen. ‚Ich bin ja auch keine Mathegenie' ist keine Ausrede. Logik ist das Zauberwort, der Drang zu voreiligen Schlüssen ist fatal. Dann offenbart sich der ganze Reiz dieses Buches. Die kniffeligen Dinge sind mit einem Mal entwaffnend einfach. Als lernte man einen Zaubertrick - mit dem man sodann die Umwelt beglückt. "
J. Schüring bei Amazon

„Freunde unterhaltsamer Mathematik werden an diesem Buch ihre Freude haben. Aber auch als Geschenk ist es bestens geeignet!"
PM - Praxis der Mathematik

V&R
Vandenhoeck & Ruprecht

Heinrich Hemme bei V&R

Die Sphinx

93 mathematische Rätsel mit
ausführlichen Lösungen.

1994. 124 Seiten mit zahlreichen
Abbildungen, kartoniert
ISBN 3-525-40735-1

„Ein weiterer Band aus der Reihe mit
Unterhaltungsmathematik bringt
Rätselaufgaben aus vielen Bereichen
der Mathematik. Die Lösungen werden ausführlich und verständlich
dargestellt, bei einigen Aufgaben
sogar mit schrittweiser Vertiefung.
Ein geeignetes Sammelwerk für
Schüler ab der Mittelstufe zum
Knobeln, für mathematische Arbeits-
gemeinschaften und Schülerwett-
bewerbe, auch für Vertretungsstun-
den." *Das gute Buch in der Schule*

Heureka!

Unterhaltsame Mathematik in 95
Rätseln mit ausführlichen Lösungen

3., verbesserte Auflage 2004. 109 Seiten
mit zahlreichen Abbildungen, kartoniert
ISBN 3-525-40739-4

„Für die meisten Aufgaben sind nur
geringe Mathematik-Kenntnisse erforderlich, zumeist sind sogar ‚Bleistift und Papier' beim Lösen über-
flüssig. Zu etlichen Aufgaben wird
neben der Lösung auch noch eine
vertiefende Variante angegeben."
PM-Praxis der Mathematik

Das Problem des Zwölf-Elfs

100 mathematische Rätsel
mit ausführlichen Lösungen

1998. 120 Seiten mit zahlreichen
Abbildungen, kartoniert
ISBN 3-525-40736-X

Auch dieser Band enthält unterhaltsame Rätsel aus allen Bereichen der
Mathematik.

„Einer der Altmeister der Unterhaltungsmathematik hat 100 Rätsel-
und Knobelaufgaben unterschiedli-
chen Schwierigkeitsgrades herausge-
geben. Ausführliche Lösungen hel-
fen da, wo der Aha-Effekt nicht
rechtzeitig eintritt. Einige der Aufgaben kann man schon in der 5.
Jahrgangsstufe etwa in einer Vertretungsstunde lösen, andere setzen
mathematische oder physikalische
Vorkenntnisse bis hin zur 10. Jahrgangsstufe voraus, so dass man das
Buch insgesamt für die Oberstufe
und vor allem die Lehrerbücherei
empfehlen kann." *lesenswert*

V&R
Vandenhoeck
& Ruprecht